ESTAMOS CORTOS DE ÚLTIMOS TIEMPOS

PREPARANDO LA IGLESIA CUANDO TODAVÍA HAY TIEMPO

ISRAEL Y CARRIE HERNÁNDEZ

DEDICACIÓN

Este libro está dedicado a nuestro Padre que nos creó, a nuestro Señor y Salvador, a Jesucristo que vino y murió por nosotros, y a nuestro Espíritu Santo que nos ayuda a vivir una vida que le agrada todos los días. ¡Gracias Dios!

CONTENIDO

ESTAMOS CORTOS DE ÚLTIMOS TIEMPOS

Este libro puede ser el segundo libro más importante que jamás leerás. El libro más importante que jamás leerás es la Biblia. Toda la información en este libro es de la Palabra de Dios y no de locas "revelaciones". Al escribirlo, Dios nos dio una nueva perspectiva de Su Palabra que nos mostró conexiones entre muchos versículos a lo largo de la Biblia con los eventos en Apocalipsis. Algunos pueden preguntarse, ¿por qué escribir un libro sobre algo que ya está en la Biblia? Pues... dos razones principales. Primero, los eventos del Fin de los Tiempos están en toda la Biblia, no solo en un libro o un capítulo. En segundo lugar, y lo más importante, la mayoría de los cristianos no leen la Biblia.

La importancia de este libro es saber en qué momento estamos viviendo, conocer los acontecimientos que tienen que suceder y cómo prepararnos para ellos. Muchos serán engañados por falsos profetas, predicadores y aquellos ignorantes de las escrituras del Fin de los Tiempos y del próximo gobierno del anticristo. También este libro está escrito para aquellos que se quedarán atrás, los tibios, los cristianos mundanos y los incrédulos. Te recomiendo (o te animo) a poner una copia de este libro en manos de un incrédulo para que pueda venir a Cristo cuando estos eventos comiencen a ocurrir.

Le invito a leer y orar acerca de lo que están leyendo. No con una mente fija, sino con una mente que está abierta a permitir que Dios le muestre lo que dice la Biblia. En muchos temas de este libro me equivoqué durante años porque aprendí y creí lo que los predicadores estaban diciendo. Por favor, trate de olvidar todas las opiniones anteriores que ha escuchado en las prédicas o leído en sus Biblias de estudio y examine cada versículo con ojos frescos. Así que quitémonos las gafas denominacionales y dejemos que el Espíritu Santo nos guíe. Quiero agregar, que a medida que trabajamos en este libro y estudiamos la Biblia una y otra vez, hemos encontrado que el libro de Apocalipsis no está lleno de simbolismo. Contiene verdades espirituales, códigos que pueden ser decodificados en la misma Biblia, y también eventos que realmente sucederán que aún no entendemos.

Cómo comenzó este libro

En la primavera de 2014 acababa de mudarme al área de Downriver en el estado de Michigan, a solo 10 minutos de la ciudad de Detroit. Comencé a asistir en una iglesia que tenía una gran comunión. Pero Dios me llamó a separarme de la comunión y a pasar más tiempo buscándolo. Eventualmente, Dios me obligó a salir de la iglesia para enseñarme y prepararme para este libro. Justo después de salir de esa iglesia, no estaba haciendo nada más que trabajar en mi trabajo de tiempo completo, orar y viendo prédicas en la televisión. Mi hambre de Dios aumentaba día a día. Un día me di cuenta de que durante la semana pasada todos los predicadores que había visto estaban hablando sobre el Fin de los Tiempos. Incluso en una aplicación de un ministerio que estaba escuchando, el tema era El fin de los Tiempos. Luego, la semana siguiente fue lo mismo. Todo lo que vi fue sobre el fin de los tiempos. Me di cuenta de que Dios me estaba hablando y diciéndome que comenzara a estudiar el Fin de los Tiempos.

Durante ese tiempo vi a un predicador hablando sobre el Rapto. Dijo que el Rapto será en medio de la Tribulación. Me dije a mí mismo "este tipo está equivocado, la iglesia será raptada antes de la Tribulación". Luego, la semana siguiente vi a otro predicador diciendo lo mismo. Esa vez Dios me dijo en mi corazón, "estudia la Biblia sobre los acontecimientos del Fin de los Tiempos". Y así lo hice.

Pasé alrededor de un año estudiando la Biblia en muchos eventos del Fin de los Tiempos. Fue fascinante cómo mis ojos se abrieron a las Escrituras. Esta vez dejé atrás todo lo que sabía y oré al Espíritu Santo, "por favor, ayúdame a entender". Y lo hizo. Pasé todos esos días sin escuchar otras opiniones. Sólo me enfoqué en la Biblia y dejé que el Espíritu Santo me enseñara. Mientras escribo esto, el año es 2021 y he aprendido mucho más sobre este tema. Especialmente mientras estudiaba sobre el Fin de los Tiempos con mi esposa (a veces incluso discutiendo). Aun así, ella ha sido una gran ayuda para mí.

Ruego que el Espíritu Santo los guíe a través de este libro así como Él me guio en mi estudio.

La Condición de la Iglesia para ser Arrebatada

Y el mismo Dios de paz os santifique por completo; y todo vuestro ser, espíritu, alma y cuerpo, sea guardado irreprensible para la venida de nuestro Señor Jesucristo.
1 Tesalonicenses 5:23 RVR1960

La condición del cristianismo hoy en día es probablemente la peor que ha sido. La Iglesia es tan tibia y muerta que es frustrante para aquellos cuyas vidas están dedicadas al Señor. Tenemos tantas doctrinas falsas aceptadas en la Iglesia que muchas personas piensan que son bíblicas. Mi corazón ha estado clamando al Señor para traer avivamiento, porque creo que esa es la única manera en que la Iglesia despertará.

Jesús regresará por Su Iglesia muy pronto, pero no por la Iglesia de hoy. He escuchado a muchos predicadores decir una y otra vez que los cristianos somos pecadores, que no podemos dejar de pecar y que todos somos hipócritas. ¡Adivina qué! ¡Jesús no viene por una Iglesia hipócrita y pecadora! Pero Él regresará por una Novia: ¡santa, inmaculada, sin arrugas, sin manchas e impecable! Así que si eres un hipócrita, ¡arrepiéntete! Si pecas todos los días, lamento decirlo, pero es porque estás en la carne todos los días.

Yo, en mi mejor estimación, creo que si Jesús viene este domingo por Su Iglesia, el próximo domingo la mayoría de las iglesias estarán tan llenas como de costumbre. ¡No hay fuego en la mayoría de las iglesias, no hay pasión y no hay santidad!

Seguid la paz con todos, y la santidad, sin la cual nadie verá al Señor.
Hebreos 12:14 RVR1960

Hemos perdido el primer amor y necesitamos arrepentirnos y hacer las primeras obras como dijo el Señor Jesús en el libro de Apocalipsis. Necesitamos comenzar un avivamiento en nuestros corazones, en nuestra propia familia, y luego en nuestras iglesias y comunidades. Seamos los que lideremos en el tiempo de tribulación que tenemos por delante. La Iglesia será purificada por el fuego durante las tribulaciones y las pruebas. El avivamiento no es una promesa bíblica, pero sí lo es una gran apostasía. Aun así, podemos orar a Dios para que envíe avivamiento alrededor del mundo. ¡Necesitamos avivamiento!

¡Revive de nuevo Señor! Es mi oración. ¡Hazlo otra vez!

El Rapto

El Rapto de la Iglesia es un evento que está claro en la Biblia. La Iglesia será raptada o apartada de esta tierra para estar con el Señor en el cielo. La palabra "raptado" significa tomado por la fuerza. La gran mayoría de los cristianos creen en el Rapto a pesar de que hay desacuerdos sobre cuándo tendrá lugar. Es importante saber que no entender si el Rapto será antes, en el medio o después de la Tribulación no significa que no seas salvo. Pero tener esta doctrina equivocada puede ser catastrófico para la iglesia.

¿Es el Rapto bíblico?

Por lo cual os decimos esto en palabra del Señor: que nosotros que vivimos, que habremos quedado hasta la venida del Señor, no precederemos a los que durmieron. Porque el Señor mismo con voz de mando, con voz de arcángel, y con trompeta de Dios, descenderá del cielo; y los muertos en Cristo resucitarán primero. Luego nosotros los que vivimos, los que hayamos quedado, seremos arrebatados juntamente con ellos en las nubes para recibir al Señor en el aire, y

así estaremos siempre con el Señor. Por tanto, alentaos los unos a los otros con estas palabras.
1 Tesalonicenses 4:15-18 RVR1960

Este es un versículo claro que prueba el Rapto de la Iglesia y cómo sucederá. El Señor mismo, es decir, Jesús, descenderá por Su Novia con un grito. Él grito no es para llamarnos, sino que ordena a los ángeles que nos reúnan a Él como Él dice en Mateo 24.

Y enviará sus ángeles con gran voz de trompeta, y juntarán a sus escogidos, de los cuatro vientos, desde un extremo del cielo hasta el otro.
S. Mateo 24:31 RVR1960

Ahora los que están muertos en Cristo resucitarán primero y los encontraremos en las nubes con el Señor. No sabemos cuánto tiempo pasará entre que los muertos resucitan y cuando seamos raptados, pero ellos serán los primeros. Cada cristiano "real" nacido de nuevo en la tierra será arrebatado segundo y no moriremos. Nuestros cuerpos serán transformados, pero no experimentaremos la muerte.

¿Todos los niños serán raptados?

Esta es una pregunta o preocupación común cuando hablamos del Rapto. ¿Qué hay de los niños? ¿Serán raptados? Y la respuesta no está explícitamente en la Biblia, pero podemos suponer que los hijos de los cristianos serán arrebatados con la Iglesia. Estoy hablando de niños menores de la edad de responsabilidad, cualquiera que sea la edad que pueda ser. Y el versículo que usaré para esta situación hace una distinción entre un niño con al menos un padre creyente y el que no tiene padres creyentes.

Porque el marido incrédulo es santificado en la mujer, y la mujer incrédula en el marido; pues de otra manera vuestros hijos serían inmundos, mientras que ahora son santos.
1 Corintios 7:14 RVR1960

Una vez más, esto no significa que solo los hijos de los cristianos serán arrebatados, pero creo que de seguro que los niños con al menos un padre creyente lo serán. Sé que hay algunos que creen que todos los niños serán arrebatados, pero no lo sabemos. Y alguien puede decir "Dios no dejará que los niños sufran", bueno... Muchos niños están sufriendo ahora, así que no podemos usar esa lógica. Y si Dios arrebata a todos los niños, entonces ningún niño debe nacer después del Rapto. No lo sabemos y es mejor decir que no sabemos que decir algo que no podemos probar.

Rapto Privado

Esto es algo que he escuchado muchas veces, el Rapto privado. El problema con esto es que no es bíblico. Leemos en Mateo 24:31 cuándo tendrá lugar el Rapto y antes de eso, esto sucederá;

Entonces aparecerá la señal del Hijo del Hombre en el cielo; y entonces lamentarán todas las tribus de la tierra, y verán al Hijo del Hombre viniendo sobre las nubes del cielo, con poder y gran gloria.
S. Mateo 24:30 RVR1960

Esta no es la segunda venida cuando Jesús establecerá Su reino en la tierra, sino el Rapto de la Iglesia. Cuando Jesús regrese a la Tierra, estará montado en un caballo blanco (Apocalipsis 19:11), no en las nubes. Así que no hay Rapto privado, pero todos los ojos lo verán y todos los que se queden atrás llorarán.

He aquí que viene con las nubes, y todo ojo le verá, y los que le traspasaron; y todos los linajes de la tierra harán lamentación por él. Sí, amén.
Apocalipsis 1:7 RVR1960

¿Podemos predecir el día del Rapto?

Es imposible que alguien sepa cuándo tendrá lugar el Rapto. Cada persona que ha tratado de predecir el Rapto de la iglesia o el Fin del Mundo ha fracasado miserablemente. Algunas personas "predicen" estos eventos para tomar dinero de las personas y luego se van. Otros tienen sueños sobre el Rapto y la Tribulación y piensan que Dios les dio una fecha para el Rapto o una "ventana" de tiempo. Desde 2014 cada 21 o 23 de septiembre el Rapto sucederá según algunos youtubers. Muchos de ellos te dan un montón de versículos de la Biblia sacados de contexto y mucha gente cree. Supongo que no conocen su Biblia.

Pero del día y la hora nadie sabe, ni aun los ángeles de los cielos, sino sólo mi Padre. Mas como en los días de Noé, así será la venida del Hijo del Hombre. S. Mateo 24:36-37 RVR1960

Cuando Jesús dijo "nadie sabe" y "sólo Mi Padre" eso es exactamente lo que quiso decir. "Nadie" en el griego original significa "nadie". Por lo tanto, ningún humano sabe y nunca sabrá cuándo tendrá lugar el Rapto. La temporada sí, pero el año, el mes y el día ni siquiera los ángeles lo saben. Marcos 13:32 dice que ni siquiera el Hijo conoce el día ni la hora. Pero es tan fácil caer en esa tontería cuando no leemos la Biblia.

¿Es inminente el Rapto?

La idea de que el Rapto es inminente es simplemente que Jesús puede Raptar a la iglesia en cualquier momento y nada tiene que suceder antes de eso. La cuestión no es si Él puede hacerlo, sino si lo hará. La única manera de saberlo es estudiar la Biblia. Pero les diré con anticipación que el inminente Rapto de la iglesia no es bíblico. Hay muchas cosas que tienen que suceder antes de que ocurra el Rapto y recuerde mantener sus gafas denominacionales fuera.

Uno de los versículos de la Biblia que la gente usa para apoyar la creencia de que el Rapto es inminente es Mateo 24:24-44

Velad, pues, porque no sabéis a qué hora ha de venir vuestro Señor. Por tanto, también vosotros estad preparados; porque el Hijo del Hombre vendrá a la hora que no pensáis. S. Mateo 24:42, 44 RVR1960

Por supuesto, tienes que sacarlo de contexto para que apoye la idea del Rapto inminente. Estas Escrituras dicen que no sabemos la hora del Rapto. No dice "Volveré en cualquier momento". No hay ningún versículo en la Biblia que diga que puede suceder en cualquier momento. Esta doctrina del Rapto inminente está ligada con el Rapto Pre-Tribulación, así que cuando lleguemos a esa parte de este libro verás más claramente que ambas doctrinas carecen de apoyo bíblico. En cambio, se basan en opiniones y se apoyan tomando versículos fuera de contexto.

Otro versículo que se usa muy a menudo para apoyar la creencia en el Rapto inminente está en 1 Tesalonicenses 5:1-3

Pero acerca de los tiempos y de las ocasiones, no tenéis necesidad, hermanos, de que yo os escriba. Porque vosotros sabéis perfectamente que el día del Señor vendrá así como ladrón en la noche; que cuando digan: Paz y seguridad, entonces vendrá sobre ellos destrucción repentina, como los dolores a la mujer encinta, y no escaparán.
1 Tesalonicenses 5:1-3 RVR1960

"Como ladrón en la noche" eso tiene que significar que tomará a todos por sorpresa, ¿verdad? No. Está hablando de aquellos que dirán "¡Paz y seguridad!". Antes de que pienses que lo estoy sacando de contexto, leamos el siguiente versículo.

Mas vosotros, hermanos, no estáis en tinieblas, para que aquel día os sorprenda como ladrón. Porque todos vosotros sois hijos de luz e hijos del día; no somos de la noche ni de las tinieblas.
1 Tesalonicenses 5:4-5 RVR1960

El día no vendrá como un ladrón en la noche para aquellos que no están en tinieblas, sino que están en la luz del Señor. Dios nos advertirá antes de que todo esto ocurra. No para estar listos y nos pongamos bien con Dios para no quedarnos atrás, sino que debemos estar listos todo el tiempo porque no sabemos si estaremos en el Rapto o en el grupo de "muertos en Cristo". Eso es lo que pienso cada vez que veo una publicación en las redes sociales que dice "¡Cristo viene! ¡Prepárate Iglesia!" Déjame decirte algo sobre eso, si necesitas una señal para estar listo, entonces no eres la Iglesia. Prepárate ahora porque no sabes si durarás hasta mañana. Las señales que muestran que el fin está cerca deben animarnos a seguir trabajando más duro para alcanzar a los perdidos y llevarlos a los pies de Jesús.

Otra cosa que la mayoría de la gente ignora acerca de la frase "venir como un ladrón" es que incluso durante la última parte de la Ira de Dios en la tierra, Jesús todavía dice "Vengo como un ladrón."

He aquí, yo vengo como ladrón. Bienaventurado el que vela, y guarda sus ropas, para que no ande desnudo, y vean su vergüenza.
Apocalipsis 16:15 RVR1960

Es entonces cuando se derrama la Sexta Copa de la Ira de Dios. Así que sabemos que esa frase no se refiere a un Rapto inminente ni a un Rapto Pre-tribulación.

La Postura del Preterismo

Pero con respecto a la venida de nuestro Señor Jesucristo, y nuestra reunión con él, os rogamos, hermanos, que no os dejéis mover fácilmente de vuestro modo de pensar, ni os conturbéis, ni por espíritu, ni por palabra, ni por carta como si fuera nuestra, en el sentido de que el día del Señor está cerca.
2 Tesalonicenses 2:1-2 RVR1960

Continuaré este capítulo abordando la doctrina que enseña que todos los eventos del Fin de los Tiempos ya han sucedido. En el tiempo del apóstol Pablo había algunas personas que creían que la segunda venida ya había sucedido. Sé de algunos predicadores prominentes que creen lo mismo que Pablo les advirtió que no creyeran. La única manera de saber si el Fin de los Tiempos ya sucedió es usando la Biblia y la historia. Muy fácil. Al mismo tiempo, quedará muy claro que el Rapto no es inminente. Pero, por supuesto, necesitamos estar seguros de que la escritura que usamos para apoyar un punto de vista preterista se cumplió totalmente. Dios no cumple profecías a media.

La Abominación Desoladora

Por tanto, cuando veáis en el lugar santo la abominación desoladora de que habló el profeta Daniel (el que lee, entienda),
S. Mateo 24:15 RVR1960

Este es un evento que algunas personas creían que ya sucedió debido a la profanación del templo en 168 aC. El rey griego Antíoco IV erigió una estatua de Zeus en el templo y sacrificó un cerdo en el altar. El problema con eso es que Jesús mismo dijo "cuando veas", hablando del futuro. El otro argumento es que el templo fue destruido en el año 70 d.C., por lo que sucedió entonces. Bueno, no. El templo fue destruido, pero no fue una abominación. Veamos lo que Pablo escribió al respecto.

Pero con respecto a la venida de nuestro Señor Jesucristo, y nuestra reunión con él, os rogamos, hermanos, que no os dejéis mover fácilmente de vuestro modo de pensar, ni os conturbéis, ni por espíritu, ni por palabra, ni por carta como si fuera nuestra, en el sentido de que el día del Señor está cerca. Nadie os engañe en ninguna manera; porque no vendrá sin que antes venga la apostasía, y se manifieste el hombre de pecado, el hijo de perdición, el cual se opone y se levanta contra todo lo que se llama Dios o es objeto de culto; tanto que se sienta en el templo de Dios como Dios, haciéndose pasar por Dios.
2 Tesalonicenses 2:1-4 RVR1960

Entonces, según el apóstol Pablo, la reunión de los santos no sucederá hasta que ese hombre de pecado, el anticristo, se siente en el Templo declarándose Dios. Eso aún no ha sucedido, por lo que el Rapto no es inminente.

Otro ejemplo del Fin de los Tiempos que debe suceder antes de la Segunda Venida es la marca de la bestia. No entraré en lo que es la marca de la bestia en este capítulo, pero la Biblia en el libro de Apocalipsis dice...

Y hacía que a todos, pequeños y grandes, ricos y pobres, libres y esclavos, se les pusiese una marca en la mano derecha, o en la frente; y que ninguno pudiese

comprar ni vender, sino el que tuviese la marca o el nombre de la bestia, o el número de su nombre.
Apocalipsis 13:16-17 RVR1960

No hay tiempo en la historia en que el mundo entero o la mayor parte de él se vieran obligado a tener una marca en la frente o la mano derecha para comprar o vender. Escuché a un pastor argumentar que durante el holocausto, todos los judíos fueron obligados a tatuarse un número en sus manos para comprar o vender. Ahora es cuando llega la historia. Los únicos judíos que fueron obligados a tener un número tatuado en sus brazos eran los del campo de concentración de Auschwitz. Y también el tatuaje con los números se hizo en el brazo izquierdo. No en la mano derecha ni en la frente.

Ahora que tenemos muy claro que el Fin de los Tiempos es una ocurrencia de eventos futuros, podemos pasar al tema que trae más desacuerdo en la iglesia: ¿Cuándo tendrá lugar el Rapto? Hay tres creencias diferentes en el momento del Rapto, Pre-Tribulación, Media-Tribulación y Post-Tribulación. Primero quiero señalar que incluso cuando hay desacuerdo con el momento del Rapto no tenemos que dejar que eso nos divida como Iglesia. He visto muchas veces cómo la gente en la iglesia ataca a otros cristianos verbalmente, insultándolos, llamando nombres e incluso poniendo en duda su salvación sólo porque creen en un momento diferente para el Rapto. Aquellos que no tienen la Biblia de su lado para respaldar su creencia parecen molestarse especialmente y defienden su punto atacando a otros cristianos. Esto es patético y no tiene lugar en la Iglesia de Cristo. Voy a explicar cada una de las tres creencias y por qué los que creen en ellas piensan que su creencia es la correcta. También explicaré lo que Dios me ha mostrado como mencioné en la introducción.

Rapto Pre-Tribulación

E sta doctrina sostiene que el Rapto tendrá lugar antes de la Tribulación. Ellos creen que la Iglesia será Raptada antes de que las cosas malas comiencen a suceder. Solía creer en el Rapto Pre-Tribulación o mejor dicho, repetí lo que me enseñaron sobre este punto de vista. No tenía idea de cómo defender esta doctrina ni tenía un solo versículo de la Biblia para apoyarla. Pero después de que Dios me movió a estudiar el Fin de los Tiempos, me quedó muy claro que la Pre-Tribulación no está en la Biblia. Cuando alguien cree en la Pre-Tribulación, siempre pido un solo versículo que apoye ese punto de vista, solo uno. Recuerdo haberle dado un mensaje de texto a una buena amiga en Puerto Rico sobre el Fin de los Tiempos. Ella era como yo hace años, creía lo que se le había enseñado y le pedí un solo versículo de la Biblia para apoyar la Pre-Tribulación. Después de más de dos años, ella nunca me dio un versículo, y un maestro fue a su iglesia enseñando sobre el Rapto. Ella nunca encontró el versículo y ahora ya no cree en el Rapto Pre-Tribulación.

Existe la creencia de que toda la doctrina del Rapto Pre-Tribulación comenzó con John Nelson Darby. Otros dicen que eso comenzó antes que él, pero la verdad es que Darby lo hizo popular cuando la mayoría de la gente creía que la iglesia pasaría por la tribulación. Pero de nuevo sin una referencia bíblica clara, pero estirando los versículos y sacándolos de contexto. También hay mucho de "eso significa esto o aquello" que se usa hoy en día para apoyar un Rapto Pre-Tribulación. Ellos dicen, "porque este versículo dice esto, entonces significa aquello". Veamos algunos de los versículos que se usan para apoyar la doctrina del Rapto Pre-Tribulación y veamos lo que realmente dicen. Sé que algunos de ustedes se están poniendo las gafas denominacionales de nuevo, pero no podrán leer las Escrituras con ellas. Por favor, ponga la Palabra de Dios primero y luego su denominación.

Dios no nos ha puesto para la ira

y esperar de los cielos a su Hijo, al cual resucitó de los muertos, a Jesús, quien nos libra de la ira venidera.
1 Tesalonicenses 1:10 RVR1960

Porque no nos ha puesto Dios para ira, sino para alcanzar salvación por medio de nuestro Señor Jesucristo,
1 Tesalonicenses 5:9 RVR1960

Este es el argumento principal que aquellos que creen en el Rapto Pre-Tribulación usan para apoyar su creencia, pero ninguno de esos versículos dice nada acerca del Rapto antes de la Tribulación. Para que esto apoye su punto de vista, tendría que decir: "Porque Dios no nos ha puesto para la tribulación...". ¿Ves cómo este pequeño cambio hace que el versículo realmente diga lo que ellos piensan que dice? Aquí es donde la mayoría de la gente está confundida. No entienden que la ira de Dios y la Tribulación no son lo mismo. La Tribulación es el diablo contra la iglesia, la ira es Dios juzgando al mundo. Para entender mejor esto, lo explicaré con más detalles cuando entremos en el Rapto de la Media-Tribulación.

Juan llamado a subir

Después de esto miré, y he aquí una puerta abierta en el cielo; y la primera voz que oí, como de trompeta, hablando conmigo, dijo: Sube acá, y yo te mostraré las cosas que sucederán después de éstas.
Apocalipsis 4:1 RVR1960

Este versículo es probablemente el que más estiran aquellos que creen en un Rapto Pre-Tribulación. Este versículo simplemente significa que Juan escuchó una voz como una trompeta que decía "Sube acá" y le decía que le mostrará cosas que sucederán en el futuro. ¡Pero para algunas personas este es el Rapto! ¿Cómo puede ser? Hay dos ideas principales de un Rapto Pre-Tribulación que tratan de tomar de este versículo;

o **Sube acá**

Debido a que Juan fue llamado a subir, ese tiene que ser el Rapto de la iglesia, ¿verdad? No. Eso simplemente significa que Juan fue llamado. Él fue el único que subió y no vio a ningún otro cristiano en el cielo. Si este fue el Rapto, en lugar de ir directamente al cielo, Juan debería haber encontrado a los muertos en Cristo en el aire con los otros cristianos. Además, la Iglesia no será "llamada", sino que seremos "raptados". Ahora, como dije antes, raptados significa tomados por la fuerza. Los ángeles nos reunirán y nos arrebatarán.

o **La iglesia no se menciona después de esto**

La iglesia ya no se menciona en el Libro del Apocalipsis después de que se le dice a Juan "sube acá", lo que significa que la iglesia es raptada antes de que sucedan cosas malas, ¿verdad? No, No y No. La palabra "iglesia" no se menciona de nuevo en el libro de Apocalipsis después del capítulo 3, pero los cristianos todavía se mencionan muchas veces y también se llaman santos.

Yo le dije: Señor, tú lo sabes. Y él me dijo: Éstos son los que han salido de la gran tribulación, y han lavado sus ropas, y las han emblanquecido en la sangre del Cordero.
Apocalipsis 7:14 RVR1960

Cuando abrió el quinto sello, vi bajo el altar las almas de los que habían sido muertos por causa de la palabra de Dios y por el testimonio que tenían.
Apocalipsis 6:9 RVR1960

Y de la mano del ángel subió a la presencia de Dios el humo del incienso con las oraciones de los santos.
Apocalipsis 8:4 RVR1960

La Iglesia todavía se menciona con otros nombres, pero sigue siendo la misma Iglesia, por lo que este argumento tampoco tiene sentido.

Como puedes ver ninguno de estos versículos dice claramente que la Iglesia será Raptada antes de la Tribulación y este es el problema. Al igual que muchas doctrinas falsas, el uso de versículos fuera de contexto es la única manera de defenderlo.

Recientemente estaba viendo a un pastor muy conocido hablando sobre el Rapto (quería ver cómo apoyaría su posición). Solía ser un creyente Post-Tribulación, pero ahora es Pre-Tribulación. Me sorprendió cómo sacó cada versículo de contexto. Le dije a mi esposa que quería dejar de ver el video porque perdería todo respeto por ese predicador. Ella quería seguir mirando y pronto el predicador dijo las cosas más locas que he escuchado sobre el Fin de los Tiempos. El predicador del Rapto Pre-Tribulación se volvió hacia un tipo del Rapto Pre y Post-Tribulación. Dijo que habrá un Rapto antes de la Tribulación y un segundo Rapto al final.

Los versículos principales que este predicador usó para explicar su nueva doctrina fueron Lucas 17 y Lucas 21. Quiero tomarme un tiempo para explicar algunos puntos que hizo y refutarlos fácilmente. Una vez más, la única manera de mantener viva una doctrina del

Rapto Pre-Tribulación es inventar interpretaciones alternativas de versículos que tienen sus propios significados claros.

Se tomará uno y se dejará otro

Dos mujeres estarán moliendo juntas; la una será tomada, y la otra dejada. Dos estarán en el campo; el uno será tomado, y el otro dejado.
S. Lucas 17:35-36 RVR1960

El argumento sobre estos versículos, de acuerdo con su punto de vista previo a la tribulación, es que hay paz en ese tiempo porque dos mujeres están moliendo grano y dos hombres en el campo. Dice que si hay tribulación en el mundo y un tercio del mundo ha sido destruido y una estrella llamada Ajenjo ha caído y destruido la mayor parte de la Tierra, entonces nadie estaría trabajando en el campo.

De nuevo, mala conclusión. Lo estaba comparando con un Rapto Post-Tribulación, por lo que el argumento puede tener sentido en ese contexto. Pero el Rapto no ocurrirá después de lo que ellos llaman "Tribulación", sino en el medio. Como dije, entraré más en eso en el capítulo del Rapto de la Media-Tribulación, pero por ahora entiende que la Tribulación será un período de 3.5 años, luego seguirá la "Ira del Cordero" (Siete Trompetas) y la "Ira de Dios" (Siete Copas). Ahora, incluso durante los 3.5 años de la Ira, la gente necesita comer, por lo que trabajar en el campo y moler granos seguirá ocurriendo en algunas partes del mundo.

Los días de Noé y Lot

Como fue en los días de Noé, así también será en los días del Hijo del Hombre. Comían, bebían, se casaban y se daban en casamiento, hasta el día en que entró Noé en el arca, y vino el diluvio y los destruyó a todos. Asimismo como sucedió en los días de Lot; comían, bebían, compraban, vendían, plantaban, edificaban; mas el día en que Lot salió de Sodoma, llovió del cielo fuego y azufre, y los destruyó a todos. Así será el día en que el Hijo del Hombre se manifieste.
S. Lucas 17:26-30 RVR1960

Según el predicador, estos versículos son la mejor prueba del Rapto Pre-Tribulación. "Jesús explica cómo la Iglesia escapará de la Tribulación como Noé escapó del diluvio". Continuó; "Lot escapó de la destrucción de Sodoma y Gomorra y la Iglesia escapará de la destrucción que viene al mundo".

Esos versículos ni siquiera hablan del Rapto, sino del juicio que está llegando al mundo. Jesús no está hablando de la Iglesia en absoluto, sino de los incrédulos y pecadores. Estarán bebiendo y divirtiéndose pecando y complaciéndose en un comportamiento inmoral y no verán la destrucción que tendrá lugar, la Ira de Dios. El apóstol Pablo escribió al respecto;

que cuando digan: Paz y seguridad, entonces vendrá sobre ellos destrucción repentina, como los dolores a la mujer encinta, y no escaparán.
1 Tesalonicenses 5:3 RVR1960

Este versículo tiene sentido sólo si crees que tienes que elegir entre Pre y Post. Habrá un sentido de paz para algunos antes del Rapto de la Iglesia y al mismo tiempo los cristianos serán perseguidos. Este es un buen argumento en contra de un punto de vista posterior a la Tribulación (porque nadie dirá paz y seguridad durante las Trompetas y las Copas de la Ira), pero no para un rapto específico previo a la Tribulación. Como ya dije, Jesús estaba hablando de que los perdidos tienen paz, no los santos. Pero si quieres hablar de Noé y Lot, ellos no fueron tomados por la fuerza. Además, ninguno de los dos fue llevado a un lugar mejor, Noé terminó en un mundo completamente destruido y Lot estaba solo con sus dos hijas locas.

Ora y no sufrirás

Velad, pues, en todo tiempo orando que seáis tenidos por dignos de escapar de todas estas cosas que vendrán, y de estar en pie delante del Hijo del Hombre.
S. Lucas 21:36 RVR1960

La interpretación incorrecta de este versículo es que Dios te dará la oportunidad de escapar del sufrimiento de la Tribulación si oras y velas. Suena bien si lo sacas de contexto, pero necesitamos leer todos los versos anteriores para entenderlo. En el versículo 28 Jesús deja muy claro cuándo el Rapto estará cerca así que todo lo anterior a ese versículo se aplique a la Iglesia. Las guerras, las naciones contra naciones, los grandes terremotos, las hambrunas, las pestilencias y la persecución sucederán antes del versículo 28 y todavía el Rapto aún no ha llegado, pero está cerca. Ahora, si no quieres llamar a esto la Tribulación, ¿cómo lo llamas? Lucas 21:36 está hablando de la "Ira de Dios" y no de la Tribulación.

Como dije al principio, no hay un solo versículo en la Biblia que hable de un rapto privado inminente antes de la Tribulación. Esta es una falsa doctrina de la década de 1800 que el diablo está usando para engañar a la Iglesia para que no nos preparemos para lo que viene. También piense en esto, la condición de la Iglesia hoy en día está en mal estado. Nos hemos vuelto tan mundanos, tan egoístas, no nos amamos, de hecho muchos cristianos parecen odiarse unos a otros, somos amantes de las cosas materiales y amantes del dinero. La inmoralidad sexual es aceptable ahora en todos los niveles dentro de la Iglesia. Piénsalo, si el Rapto de la Iglesia ocurre hoy, la mayoría de las iglesias tendrán una gran multitud el próximo domingo. No hay un Rapto Pre-Tribulación y si alguna vez iba a haber uno, habría sido cancelado debido a nuestra carnalidad.

Rapto Post-Tribulación

El punto de vista más popular del Rapto Post-Tribulación es la creencia de que la Iglesia pasará por los 7 años completos de la Tribulación y la Ira de Dios y que el Rapto sucederá al mismo tiempo que Jesús regresa para establecer Su reino. Hay muchas variaciones de este punto de vista que colocan el Rapto en diferentes puntos. No voy a pasar por todo esto... será una pérdida de tiempo. En su lugar, solo mostraremos por qué esta posición en su conjunto no puede ser cierta.

Esta doctrina enseña con versículos que pueden parecer estar respaldando su posición, pero que tienen que ser retorcidos para hacerlos encajar. De la misma manera que los creyentes del Rapto Pre-Tribulación sacan los versículos de contexto, esta doctrina también lo hace.

Refutar esta posición es bastante fácil porque si simplemente movemos el tiempo 3.5 años antes, entonces los versículos ya no necesitan ser retorcidos, y de repente todo tiene sentido. Además, ahora podemos usar algunos versículos que la doctrina Pre-tribulación usa erróneamente. Un ejemplo es el versículo acerca de la ira;

Porque no nos ha puesto Dios para ira, sino para alcanzar salvación por medio de nuestro Señor Jesucristo,
1 Tesalonicenses 5:9 RVR1960

Podemos usar este versículo para refutar la idea de que la Iglesia sufrirá la "Ira de Dios" del Apocalipsis. Esos eventos son para juzgar al mundo y su maldad, no a la Iglesia. He escuchado el argumento de "Dios protegerá a la Iglesia durante ese tiempo", pero no hay escrituras que lo respalden. Los 144,000 de las tribus de Israel serán sellados y protegidos, pero ninguna mención de la Iglesia. Una nota al margen, esos 144,000 son personas reales, no símbolos de otra cosa.

Y cantaban un cántico nuevo delante del trono, y delante de los cuatro seres vivientes, y de los ancianos; y nadie podía aprender el cántico sino aquellos ciento cuarenta y cuatro mil que fueron redimidos de entre los de la tierra. Éstos son los que no se contaminaron con mujeres, pues son vírgenes. Éstos son los que siguen al Cordero por dondequiera que va. Éstos fueron redimidos de entre los hombres como primicias para Dios y para el Cordero; y en sus bocas no fue hallada mentira, pues son sin mancha delante del trono de Dios.
Apocalipsis 14:3-5 RVR1960

"Estos son los que no fueron contaminados con mujeres, porque son vírgenes" por lo que no son un símbolo sino personas reales. Tampoco en su boca se encontró ningún engaño o mentira. La persona que viene a mi mente y que puedo comparar con ellos es Daniel el profeta. Algunos pueden argumentar que no hay 144,000 jóvenes cristianos-judíos en Israel, por lo que no puede estar hablando de personas. Mi respuesta es simple, hay alrededor de 7 millones de judíos en el mundo y la Biblia no dice que tienen que vivir en Israel, sino que son de las tribus de Israel. Y segundo, solo se necesitará un Avivamiento en Israel para que 144,000 hombres vírgenes se salven. Recuerde el Avivamiento del país de Gales cuando más de 100,000 personas se salvaron en menos de unos pocos meses.

La Iglesia claramente no es la Mujer en el desierto, ya que este es el remanente de Israel. Si quieres ver más sobre esto, ve a la sección de Cronología del Fin de los Tiempos llamada Mujer Sustentada. Ahora volviendo al tiempo del juicio, si la Iglesia va a pasar por todo el tiempo de la destrucción hay un gran problema. Dios tendrá que castigarnos igual que al mundo y eso no puede ser posible.

Y del humo salieron langostas sobre la tierra; y se les dio poder, como tienen poder los escorpiones de la tierra. Y se les mandó que no dañasen a la hierba de la tierra, ni a cosa verde alguna, ni a ningún árbol, sino solamente a los hombres que no tuviesen el sello de Dios en sus frentes. Y les fue dado, no que los matasen, sino que los atormentasen cinco meses; y su tormento era como tormento de escorpión cuando hiere al hombre. Y en aquellos días los hombres buscarán la muerte, pero no la hallarán; y ansiarán morir, pero la muerte huirá de ellos. Apocalipsis 9:3-6 RVR1960

Esta cosa aterradora ocurrirá en la Quinta Trompeta. Todos los hombres (y mujeres) serán torturados tan gravemente que buscarán morir, pero no podrán hacerlo. ¡Durante cinco meses! Una vez más, "Todos los hombres" excepto los que han sido sellados, los 144,000, todos los demás serán torturados por esas criaturas. Solo con esta evidencia podemos refutar la doctrina del Rapto Post-Tribulación, pero quiero mostrarles más para que puedan estar 100% seguros. También pocas personas creen que el Rapto ocurrirá en la Séptima Trompeta de Apocalipsis, si creías eso probablemente a estas alturas ya has cambiado de opinión al respecto.

Mateo 24 es la fuente principal utilizada para defender el Rapto Post-Tribulación, pero tiene que ser sacado de contexto para adaptarse a su narrativa. Escuché a alguien usar Mateo 24:30-31 como la prueba principal de su posición. La interpretación es que después de la Tribulación, Jesús vendrá a establecer Su reino, seremos Raptados y nos uniremos a Él en las nubes y luego bajaremos con Él.

Entonces aparecerá la señal del Hijo del Hombre en el cielo; y entonces lamentarán todas las tribus de la tierra, y verán al Hijo del Hombre viniendo sobre las nubes del cielo, con poder y gran gloria. Y enviará sus ángeles con gran voz de trompeta, y juntarán a sus escogidos, de los cuatro vientos, desde un extremo del cielo hasta el otro.
S. Mateo 24:30-31 RVR1960

Estoy completamente de acuerdo, este es el Rapto de la Iglesia, pero este versículo no dice nada acerca del regreso de Jesús a la Tierra. Jesús se encontrará con nosotros en las nubes, no toca tierra hasta el final en este verso. Y tampoco dice que volveremos con Él. No podemos agregar una interpretación que no esté ahí. En ninguna parte de la Biblia se dice que seremos arrebatados y volveremos a la misma hora. No es hasta Mateo 25:31 que Él realmente regresa con Sus ángeles para sentarse en Su trono y reinar.

Si vas a Apocalipsis 19, la Biblia menciona la cena de bodas del Cordero. Se menciona justo antes del regreso del Señor en un caballo blanco. Creo que esta es la razón por la cual los creyentes del Rapto Post-Tribulación colocan el Rapto justo antes del regreso del Señor. Pero si lees cuidadosamente, la "gran multitud" no son personas nuevas que acaban de venir de la Tierra, ya estaban allí. La cena de bodas del Cordero es la preparación para que la Novia de Cristo, la Iglesia, regrese con Jesús y reine con Él. Y creo que como Jesús estuvo con los discípulos durante tres años y medio, nosotros, la Novia, podríamos estar con Él durante tres años y medio. Se llama La Cena de las Bodas del Cordero, no una cena de comida rápida.

Y a ella se le ha concedido que se vista de lino fino, limpio y resplandeciente; porque el lino fino es las acciones justas de los santos.
Apocalipsis 19:8 RVR1960

La Iglesia estará dispuesta en lino fino, limpio y resplandeciente y seguiremos a Jesús cuando Él regrese para establecer Su reino. Pero no hay mención del Rapto o que un nuevo grupo de personas ha llegado como en Apocalipsis 7:14. Por cierto, este versículo también es utilizado como un Rapto Post-Tribulación por algunos, pero esa idea es fácil de refutar.

Después de esto miré, y he aquí una gran multitud, la cual nadie podía contar, de todas naciones y tribus y pueblos y lenguas, que estaban delante del trono y en la presencia del Cordero, vestidos de ropas blancas, y con palmas en las manos; Entonces uno de los ancianos habló, diciéndome: Estos que están vestidos de ropas blancas, ¿quiénes son, y de dónde han venido? Yo le dije: Señor, tú lo sabes. Y él me dijo: Éstos son los que han salido de la gran tribulación, y han lavado sus ropas, y las han emblanquecido en la sangre del Cordero.
Apocalipsis 7:9, 13-14 RVR1960

El libro de Apocalipsis está en su mayoría en orden cronológico, pero hay capítulos que hablan de un evento, pero no en un orden específico. Ahora que entendemos que necesitamos ver si este versículo está en orden cronológico o no. La mejor manera de saberlo es leyendo en contexto. Apocalipsis 7 es una continuación de Apocalipsis 6:12, El Sexto Sello. Eso significa que tiene que haber un Séptimo Sello. Y para hacer de este relato del Rapto un Rapto Post-Tribulación, el Séptimo Sello tiene que ser el regreso del Señor, pero no lo es.

El Séptimo Sello es cuando las Siete Trompetas son dadas a los ángeles y serán seguidas por las Copas de la Ira de Dios. El juicio de las Siete Trompetas por sí solo tardará varios años en completarse. Un ejemplo es la Quinta Trompeta cuando las criaturas torturarán a todos los hombres que no forman parte de los 144,000 sellados durante cinco meses. Así que es imposible colocar el Rapto al final de la Ira de Dios, recuerda que la Tribulación son los Siete Sellos, después de eso es la "Ira"".

Para concluir este capítulo vamos a entender algunos puntos. No hay lugar en las Escrituras del Fin de los Tiempos que mencionen que la Iglesia está siendo protegida durante el tiempo de destrucción y juicio al mundo. Sólo lo serán los 144,000 de las tribus de Israel. Dios no nos designó para la ira, sino que nos prometió tribulación. Y también, al final, la mayor parte del mundo será destruido, la mayor parte de la población está muerta, así que ¿de qué servirá ser raptado durante no más de una hora? ¿Cómo es esto algo con lo que podemos "consolarnos unos a otros"?

Y agregando a eso, según Jesús, la gente tendrá vidas normales durante el tiempo del Rapto de la Iglesia, pero después de que la Ira de Dios esté completa, todo será destruido.

Asimismo como sucedió en los días de Lot; comían, bebían, compraban, vendían, plantaban, edificaban; mas el día en que Lot salió de Sodoma, llovió del cielo fuego y azufre, y los destruyó a todos. Así será el día en que el Hijo del Hombre se manifieste.
S. Lucas 17:28-30 RVR1960

El último punto es que en el tiempo de Lot, Dios le dijo a Abraham que no destruiría Sodoma y Gomorra si había cinco personas justas. Así que Dios sacó al pueblo justo de la tierra que debía ser juzgada antes de que la ira fuera derramada en ella. Pero Lot tuvo tribulación antes de irse.

Rapto Media-Tribulación

En este capítulo mostraré por qué el Rapto de la Media-Tribulación es la única de las tres teorías del Rapto que tiene sentido. No está realmente en medio de la Tribulación, sino al final. Esto significa que la "Tribulación de 7 años" o la Semana 70 de Daniel, está realmente dividida en dos tal como Daniel describe. Los primeros 3.5 años de tribulación le suceden a la Iglesia y los segundos 3.5 años de juicio y la Ira es para los pecadores. Así que la mejor manera de llamarlo es "Post-Tribulación Pre-Ira". Les daré muchas Escrituras que no necesitan una interpretación diferente y que se pueden leer en su contexto original.

Quiero comenzar con Mateo 24 porque ahí fue donde entendí que el Rapto Pre-Tribulación no existía.

Y estando él sentado en el monte de los Olivos, los discípulos se le acercaron aparte, diciendo: Dinos, ¿cuándo serán estas cosas, y qué señal habrá de tu venida, y del fin del siglo?
S. Mateo 24:3 RVR1960

Tome en consideración que cuando la Biblia fue escrita no había capítulos o versículos. Así que Mateo 24 y 25 son la misma conversación. Muchas personas piensan que cuando los discípulos le preguntaron a Jesús acerca de cuándo será destruido el Templo, las señales de su venida y del fin de la era, que todas las respuestas están en Mateo 24. Primero, que los discípulos hicieran esas preguntas no significa que Jesús las respondió todas o que les dijo todo. Por ejemplo, Jesús nunca les dijo cuándo se destruiría el templo a pesar de que ese tema comenzó todo en los capítulos 24 y 25.

Jesús les dijo lo que era relevante para ellos como Iglesia, y lo que podían manejar en ese tiempo. Lo que encontrarás en estos dos capítulos son las señales antes del Rapto, pero la mayoría de estos capítulos tratan de prepararte para ello. Hay una mención de la Segunda Venida, que es cuando Él regresa para establecer Su reino. Pero lo que no encontrarás en estos capítulos es la Ira de Dios o el juicio del mundo, porque la Iglesia no estará allí, a pesar de que la gente todavía se salvará durante la destrucción del mundo.

El Rapto

Entonces aparecerá la señal del Hijo del Hombre en el cielo; y entonces lamentarán todas las tribus de la tierra, y verán al Hijo del Hombre viniendo sobre las nubes del cielo, con poder y gran gloria. Y enviará sus ángeles con gran voz de trompeta, y juntarán a sus escogidos, de los cuatro vientos, desde un extremo del cielo hasta el otro.
S. Mateo 24:30-31 RVR1960

Vamos a desglosar estos versículos para entender algunos puntos que refutarán algunos de los errores comunes con respecto al Rapto. En primer lugar, la idea de un Rapto privado no es posible porque dice claramente que "verán al Hijo del Hombre". Todos verán la señal del Hijo del Hombre y llorarán. Así que no importa dónde pongas el tiempo del Rapto, no será privado.

Segundo, Jesús viniendo en las nubes no es la Segunda Venida. En este caso, Jesús no baja a la tierra a establecer su reino, sino que permanece en las nubes. Cuando Venga de nuevo y toque el suelo, estará montado en un caballo blanco. Además, Jesús envió a Sus ángeles para reunir a la Iglesia. Si Él va a bajar a continuación, no creo que se pierda esa parte en Su explicación del Fin de los Tiempos. No es hasta Mateo 25:31 cuando Jesús hace referencia a la Segunda Venida, y Él habla de ella como un evento separado.

Cuando el Hijo del Hombre venga en su gloria, y todos los santos ángeles con él, entonces se sentará en su trono de gloria,
S. Mateo 25:31 RVR1960

La Tribulación

Ahora que tenemos el Rapto en Mateo 24:30-31, y sabemos que no es el mismo evento que la Segunda Venida, necesitamos ver si el Rapto será antes o después de la Tribulación. La respuesta es más fácil y clara de lo que cabría esperar. Me voló la cabeza cuando lo leí y me pregunté por qué me lo perdí tantas veces. El versículo clave es ni más ni menos que el versículo anterior, versículo 29.

E inmediatamente después de la tribulación de aquellos días, el sol se oscurecerá, y la luna no dará su resplandor, y las estrellas caerán del cielo, y las potencias de los cielos serán conmovidas.
S. Mateo 24:29 RVR1960

Este es el versículo más claro sobre el tiempo del Rapto que encontrarás "*después de la tribulación de esos días*". El Rapto no vendrá hasta que pase la Tribulación. Pongamos los tres versículos juntos para que podamos entender mejor.

E inmediatamente después de la tribulación de aquellos días, el sol se oscurecerá, y la luna no dará su resplandor, y las estrellas caerán del cielo, y las potencias de los cielos serán conmovidas. Entonces aparecerá la señal del Hijo del Hombre en el

cielo; y entonces lamentarán todas las tribus de la tierra, y verán al Hijo del Hombre viniendo sobre las nubes del cielo, con poder y gran gloria. Y enviará sus ángeles con gran voz de trompeta, y juntarán a sus escogidos, de los cuatro vientos, desde un extremo del cielo hasta el otro.
S. *Mateo 24:29-31 RVR1960*

No te lo puedes perder. No hay nada más claro que eso. Jesús mismo dijo que pasaremos a través de la Tribulación, de nuevo no es lo mismo que la Ira. En la mayoría de las versiones de la Biblia la palabra "tribulación" se usa en Mateo 24:29. NIV en ingles usa "sufrimiento" que significa lo mismo pero NIV en español usa "tribulación". Incluso si no crees que la palabra tribulación es la misma en el griego original, simplemente pon tu dedo en Mateo 24:31 y lee todo lo anterior hasta el versículo 4. Todo entre los versículos 4 y 31 es por lo que pasará la Iglesia. Así que vamos a ver si te parece a una tribulación.

Mateo 24
- Versículo 4 - Vendrán engañadores
- Versículo 5 - Muchos falsos cristos
- Versículo 6 - Guerras y rumores de guerras
- Versículo 7 - Naciones contra naciones, hambre, pestes y terremotos en varios lugares
- Versículo 8 - Este es solo el comienzo
- Versículo 9 - Te entregarán a tribulación, te matarán y serás odiado por todas las naciones
- Versículo 10 - Traicionados unos a otros y odiados unos a otros
- Versículo 11 - Los falsos profetas engañarán a muchos
- Versículo 12 - La maldad abundará, el amor de muchos se enfriará
- Versículo 13 - Debes soportar para ser salvo
- Versículo 15 - La Abominación Desoladora
- Versículo 16 - La gente en Judea debe huir
- Versículo 19 - Ay de las que están embarazadas o amamantando.
- Versículo 21 - Gran Tribulación como nunca antes
- Versículo 24 - Falsos cristos y falsos profetas, engañando si es posible a los elegidos

- Versículo 29 - Después de la tribulación de esos días

¿Cómo te parece eso? ¡A mí me parece una Gran Tribulación! ¿Te diste cuenta de que la palabra tribulación se usó tres veces en esos versículos? Sólo una vez se llamó la Gran Tribulación.

porque habrá entonces gran tribulación, cual no la ha habido desde el principio del mundo hasta ahora, ni la habrá.
S. Mateo 24:21 RVR1960

Esa Gran Tribulación será para la Iglesia y los judíos. El mundo nos odiará tanto por el nombre de Jesús, y hoy podemos ver cómo este odio está creciendo en nuestro país y en todo el mundo. Una de las señales que se menciona en el versículo 12 de Mateo 24 es "la maldad abundará". Estamos viendo que eso se está cumpliendo hoy en todo Estados Unidos y en todo el mundo.

Volviendo al momento del Rapto, los eventos que Jesús describió son para el tiempo de la Tribulación, no para la Ira. Habrá grandes eventos que tendrán lugar durante las Siete Trompetas y las Copas de la Ira de Dios que no se mencionan en Mateo 24 o 25. Estos eventos son más grandes que los que Jesús nos advierte. Por ejemplo, un tercio de la Tierra es destruida por el fuego, algo así como una montaña golpea la tierra, una estrella (meteorito) cae en el océano, 144,000 hombres de las tribus de Israel están sellados y protegidos... pero ¿por qué no nos habló de estos desastres más grandes? Una vez más, Jesús mencionó lo que es para la Iglesia antes del Rapto, lo que sucederá después no fue relevante para ellos en ese momento. Es por eso que el libro de Apocalipsis fue dado al apóstol Juan al final de su vida, después de que él fuera el único apóstol original que quedaba.

Mateo 24 y Los Siete Sellos

Está muy claro que el Rapto Pre-Tribulación no puede ser verdadero de acuerdo con Mateo 24. Y ahora, para probar que el Rapto en este capítulo está en medio de la llamada "Tribulación", vamos a comparar Mateo 24 con Apocalipsis 6 y 7. Te fascinará ver que ambos capítulos son iguales, casi idénticos.

Cuando abrió el segundo sello, oí al segundo ser viviente, que decía: Ven y mira. Y salió otro caballo, bermejo; y al que lo montaba le fue dado poder de quitar de la tierra la paz, y que se matasen unos a otros; y se le dio una gran espada.
Apocalipsis 6:3-4 RVR1960

Porque se levantará nación contra nación, y reino contra reino; y habrá pestes, y hambres, y terremotos en diferentes lugares.
S. Mateo 24:7 RVR1960

Cuando abrió el tercer sello, oí al tercer ser viviente, que decía: Ven y mira. Y miré, y he aquí un caballo negro; y el que lo montaba tenía una balanza en la mano. Y oí una voz de en medio de los cuatro seres vivientes, que decía: Dos libras de trigo por un denario, y seis libras de cebada por un denario; pero no dañes el aceite ni el vino.
Apocalipsis 6:5-6 RVR1960

... y hambres,
S. Mateo 24:7 RVR1960

Cuando abrió el cuarto sello, oí la voz del cuarto ser viviente, que decía: Ven y mira. Miré, y he aquí un caballo amarillo, y el que lo montaba tenía por nombre Muerte, y el Hades le seguía; y le fue dada potestad sobre la cuarta parte de la tierra, para matar con espada, con hambre, con mortandad, y con las fieras de la tierra.
Apocalipsis 6:7-8 RVR1960

Y oiréis de guerras y rumores de guerras;
S. Mateo 24:6 RVR1960

... y habrá pestes, y hambres,
S. Mateo 24:7 RVR1960

Cuando abrió el quinto sello, vi bajo el altar las almas de los que habían sido muertos por causa de la palabra de Dios y por el testimonio que tenían. Y clamaban a gran voz, diciendo: ¿Hasta cuándo, Señor, santo y verdadero, no juzgas y vengas nuestra sangre en los que moran en la tierra?
Apocalipsis 6:9-10 RVR1960

Entonces os entregarán a tribulación, y os matarán, y seréis aborrecidos de todas las gentes por causa de mi nombre.
S. Mateo 24:9 RVR1960

Miré cuando abrió el sexto sello, y he aquí hubo un gran terremoto; y el sol se puso negro como tela de cilicio, y la luna se volvió toda como sangre; y las estrellas del cielo cayeron sobre la tierra, como la higuera deja caer sus higos cuando es sacudida por un fuerte viento.
Apocalipsis 6:12-13 RVR1960

E inmediatamente después de la tribulación de aquellos días, el sol se oscurecerá, y la luna no dará su resplandor, y las estrellas caerán del cielo, y las potencias de los cielos serán conmovidas.
S. Mateo 24:29 RVR1960

Después de esto miré, y he aquí una gran multitud, la cual nadie podía contar, de todas naciones y tribus y pueblos y lenguas, que estaban delante del trono y en la presencia del Cordero, vestidos de ropas blancas, y con palmas en las manos; Entonces uno de los ancianos habló, diciéndome: Estos que están vestidos de ropas blancas, ¿quiénes son, y de dónde han venido? Yo le dije: Señor, tú lo sabes. Y él me dijo: Éstos son los que han salido de la gran tribulación, y han lavado sus ropas, y las han emblanquecido en la sangre del Cordero.
Apocalipsis 7:9, 13-14 RVR1960

E inmediatamente después de la tribulación de aquellos días, el sol se oscurecerá, y la luna no dará su resplandor, y las estrellas caerán del cielo, y las potencias de los cielos serán conmovidas. Entonces aparecerá la señal del Hijo del Hombre en el cielo; y entonces lamentarán todas las tribus de la tierra, y verán al Hijo del Hombre viniendo sobre las nubes del cielo, con poder y gran gloria. Y enviará sus ángeles con gran voz de trompeta, y juntarán a sus escogidos, de los cuatro vientos, desde un extremo del cielo hasta el otro.
S. Mateo 24:29-31 RVR1960

He descubierto que la manera de entender el libro de Apocalipsis es entendiendo el resto de la Biblia. He escuchado muchas veces que el último libro de la Biblia está lleno de simbolismo y no se puede entender hoy. Eso es falso. El libro de Apocalipsis está escrito de una manera que podemos decodificarlo con el resto de las Escrituras. Los Siete Sellos son un buen ejemplo de ello. Así que no sólo Mateo 24, Marcos 13 y Lucas 21 son todos iguales, sino que Jesús nos dijo cuatro veces cuáles serán las señales del Rapto y de Su regreso.

Ahora, no podemos decir que Mateo 24 está hablando de un Rapto Post-Tribulación debido a Apocalipsis 8

Cuando abrió el séptimo sello, se hizo silencio en el cielo como por media hora. Y vi a los siete ángeles que estaban en pie ante Dios; y se les dieron siete trompetas. Apocalipsis 8:1-2 RVR1960

Las Siete Trompetas se dan después de que los santos fueron sacados de la Gran Tribulación. Como ya se ha dicho, tomará 3.5 años para que se complete el juicio de las Trompetas, seguido de los Siete Copas de la Ira de Dios.

Tribulación vs Ira

Y vi en la mano derecha del que estaba sentado en el trono un libro escrito por dentro y por fuera, sellado con siete sellos. Apocalipsis 5:1 RVR1960

Creemos que el rollo contiene el juicio final de Dios para este mundo. Es importante notar que hay cosas escritas en la parte frontal del pergamino y en la parte posterior. Probablemente sea el juicio de las Siete Trompetas por un lado y las Siete Copas de la Ira de Dios por el otro lado. Los Siete Sellos sostienen el rollo cerrado, y cada vez que un sello está abierto, se libera algo que Dios ha sostenido. Es como si Dios estuviera permitiendo que las cosas sucedan en el mundo, pero no es Él quien hace estas cosas directamente. Es por eso que es importante ver la diferencia, para que entendamos el significado de Post-Tribulación Pre-Ira.

La Ira nunca se llama tribulación porque es el juicio de Dios sobre las personas malvadas y este mundo maldito. Creo que las Siete Trompetas son la Ira del Cordero sobre aquellos que persiguieron, torturaron y mataron a la Novia de Cristo.

y decían a los montes y a las peñas: Caed sobre nosotros, y escondednos del rostro de aquel que está sentado sobre el trono, y de la ira del Cordero; porque el gran día de su ira ha llegado; ¿y quién podrá sostenerse en pie?
Apocalipsis 6:16-17 RVR1960

Cuando leas el juicio de las Siete Trompetas, fíjate que hay ángeles liberando los juicios, algo que no encontrarás en los Siete Sellos. Esta vez no es Dios permitiendo las cosas, sino que es Él el que envía directamente la destrucción y el juicio. En este momento es imposible que la Iglesia siga aquí (algunas de las personas que quedaron atrás todavía pueden ser salvadas, pero no se salvan de la ira porque esperaron demasiado tiempo).

Y miré, y oí a un ángel volar por en medio del cielo, diciendo a gran voz: ¡Ay, ay, ay, de los que moran en la tierra, a causa de los otros toques de trompeta que están para sonar los tres ángeles!
Apocalipsis 8:13 RVR1960

Busca un solo versículo en la Biblia que diga que los cristianos serán protegidos de estos juicios y no lo encontrarás. Una vez más, sólo los 144,000 sellados se salvarán de todos los sufrimientos, y el remanente de Israel estará protegido por dos alas de una gran águila. Todos los que queden atrás tendrán que sufrir el juicio de las Siete Trompetas, además de que la persecución seguirá ocurriendo. Muchos nuevos cristianos serán decapitados cuando rechacen la marca de la bestia y se nieguen a adorar su imagen.

Y vi tronos, y se sentaron sobre ellos los que recibieron facultad de juzgar; y vi las almas de los decapitados por causa del testimonio de Jesús y por la palabra de Dios, los que no habían adorado a la bestia ni a su imagen, y que no recibieron la marca en sus frentes ni en sus manos; y vivieron y reinaron con Cristo mil años.
Apocalipsis 20:4 RVR1960

Las Copas de la Ira de Dios son derramadas sobre el resto de la humanidad.

Oí una gran voz que decía desde el templo a los siete ángeles: Id y derramad sobre la tierra las siete copas de la ira de Dios.
Apocalipsis 16:1 RVR1960

En este punto todos los cristianos que quedaban en el mundo están muertos, decapitados. No hay ninguna mención de que las personas se salvan durante este juicio final, pero la gente maldecirá a Dios durante tres de las Siete Copas y nadie se arrepiente.

Y los hombres se quemaron con el gran calor, y blasfemaron el nombre de Dios, que tiene poder sobre estas plagas, y no se arrepintieron para darle gloria. y blasfemaron contra el Dios del cielo por sus dolores y por sus úlceras, y no se arrepintieron de sus obras. Y cayó del cielo sobre los hombres un enorme granizo como del peso de un talento; y los hombres blasfemaron contra Dios por la plaga del granizo; porque su plaga fue sobremanera grande.
Apocalipsis 16:9, 11, 21 RVR1960

Como ya vimos, es imposible que la Iglesia pase por estos juicios finales. Ahora, algunas personas creen que el Rapto sucederá antes de las Siete Copas de la Ira de Dios. Esa teoría no tiene evidencia bíblica. En ninguna parte de Apocalipsis vemos personas que llegan al cielo antes de las copas, y del mismo modo no vemos versículos en otras áreas de la Biblia que apoyen esta creencia. El último triunfo no puede referirse a la séptima trompeta porque en ese momento todos los cristianos están muertos, al igual que los dos testigos. ¿Cómo pueden los que están vivos y permanecen ser precedidos por los muertos en Cristo si no queda ninguno vivo?

Y los moradores de la tierra se regocijarán sobre ellos y se alegrarán, y se enviarán regalos unos a otros; porque estos dos profetas habían atormentado a los moradores de la tierra.
Apocalipsis 11:10 RVR1960

Si los cristianos todavía están morando en la Tierra, ¿se están alegrando cuando los profetas de Dios son asesinados? ¿Fueron atormentados por ellos durante los 42 meses? Los cristianos no están morando en la Tierra en este momento. A estas alturas ya estaban arrebatados o han sido decapitados por rechazar la marca.

Y se le permitió infundir aliento a la imagen de la bestia, para que la imagen hablase e hiciese matar a todo el que no la adorase. Y hacía que a todos, pequeños y grandes, ricos y pobres, libres y esclavos, se les pusiese una marca en la mano derecha, o en la frente;
Apocalipsis 13:15-16 RVR1960

Si los cristianos todavía moraban en la tierra, ¿adoraron a la bestia y aceptaron la marca? No. No lo hicieron. Murieron. Hasta el último creyente que se salvó después del Rapto muere en lugar de aceptar la marca.

Y el tercer ángel los siguió, diciendo a gran voz: Si alguno adora a la bestia y a su imagen, y recibe la marca en su frente o en su mano, él también beberá del vino de la ira de Dios, que ha sido vaciado puro en el cáliz de su ira; y será atormentado con fuego y azufre delante de los santos ángeles y del Cordero; y el humo de su tormento sube por los siglos de los siglos. Y no tienen reposo de día ni de noche los que adoran a la bestia y a su imagen, ni nadie que reciba la marca de su nombre.
Apocalipsis 14:9-11 RVR1960

EL ANTICRISTO

E l Anticristo será una gran pieza en los eventos del Fin de los Tiempos. No sabremos quién es hasta que estemos en ese momento en el tiempo en que será revelado. Y sí, lo veremos.

Nadie os engañe en ninguna manera; porque no vendrá sin que antes venga la apostasía, y se manifieste el hombre de pecado, el hijo de perdición,
2 Tesalonicenses 2:3 RVR1960

 En este capítulo, voy a explicarles algunos detalles sobre su tiempo como gobernante para que podamos tener una idea de qué buscar en ese momento. Tratar de adivinar quién puede ser hoy es entretenido pero inútil (a pesar de que tengo tres candidatos). La única manera de saberlo es cuando él, el anticristo, cumple las profecías bíblicas con respecto a él.

 La más fácil de saber es cuando el anticristo confirma un pacto con muchos (naciones) durante siete años. Muchos creen que ese pacto incluirá un acuerdo con Israel y Palestina que permitirá la reconstrucción del Templo.

Y por otra semana confirmará el pacto con muchos; a la mitad de la semana hará cesar el sacrificio y la ofrenda. Después con la muchedumbre de las abominaciones vendrá el desolador, hasta que venga la consumación, y lo que está determinado se derrame sobre el desolador.
Daniel 9:27 RVR1960

En medio de los siete años, él romperá el convenio y detendrá el sacrificio y la ofrenda en el Templo. Este evento probablemente esté relacionado con la herida mortal que tendrá la bestia de Apocalipsis. Ahora, cuando esa herida es sanada es cuando Satanás, el dragón, da todo su poder al anticristo.

Y la bestia que vi era semejante a un leopardo, y sus pies como de oso, y su boca como boca de león. Y el dragón le dio su poder y su trono, y grande autoridad. Vi una de sus cabezas como herida de muerte, pero su herida mortal fue sanada; y se maravilló toda la tierra en pos de la bestia,
Apocalipsis 13:2-3 RVR1960

Muchas personas creen que realmente morirá y volverá a la vida. Pero la Biblia dice que será herido de muerte, pero fue sanado para que no muera, así que casi muere. Ahora, después de eso, es cuando Satanás le da su poder, el anticristo será adorado y exigirá la adoración de todas las personas en la tierra.

el cual se opone y se levanta contra todo lo que se llama Dios o es objeto de culto; tanto que se sienta en el templo de Dios como Dios, haciéndose pasar por Dios.
2 Tesalonicenses 2:4 RVR1960

Es entonces cuando la Abominación Desoladora ocurrirá en el Templo. No sabemos con certeza qué se "instalará" en el Templo que será una abominación. No lo sabemos, pero lo que sabemos es que el anticristo irá al Templo y se declarará Dios.

La marca de la Bestia

Este es probablemente el tema más especulado sobre el Fin de los Tiempos. No dedicaré demasiado tiempo a esto, pero mi punto será muy sólido para refutar otras ideas. La Biblia es muy clara en lo que es la marca de la bestia.

Y se le permitió infundir aliento a la imagen de la bestia, para que la imagen hablase e hiciese matar a todo el que no la adorase. Y hacía que a todos, pequeños y grandes, ricos y pobres, libres y esclavos, se les pusiese una marca en la mano derecha, o en la frente; y que ninguno pudiese comprar ni vender, sino el que tuviese la marca o el nombre de la bestia, o el número de su nombre. Aquí hay sabiduría. El que tiene entendimiento, cuente el número de la bestia, pues es número de hombre. Y su número es seiscientos sesenta y seis.
Apocalipsis 13:15-18 RVR1960

La marca de la bestia no será un microchip o un tatuaje invisible. Sé que la mayoría de la gente cree en la posibilidad, pero también sé que la mayoría de la gente no lee la Biblia, especialmente el libro de Apocalipsis. Veamos lo que las Escrituras dicen y entendamos.

y que ninguno pudiese comprar ni vender, sino el que tuviese la marca o el nombre de la bestia, o el número de su nombre.
Apocalipsis 13:17 RVR1960

No todos obtendrán la marca. Hay tres tipos diferentes de cosas que se implantarán.
- La marca (probablemente un logotipo de alguna clase)
- El nombre de la bestia (su nombre humano)
- El número de su nombre (666?)

Puse un signo de interrogación en el número 666 debido a lo que dice el siguiente versículo.

Aquí hay sabiduría. El que tiene entendimiento, cuente el número de la bestia, pues es número de hombre. Y su número es seiscientos sesenta y seis.
Apocalipsis 13:18 RVR1960

El versículo dice "calcula" el número de la bestia y luego nos da 666. Es posible que el número 666 nos ayude a saber quién es el anticristo, pero su "número de hombre" podría ser diferente.

Volviendo a los microchips, creo que muy pronto tendremos una nueva moneda mundial. Eso será una especie de criptomoneda o moneda digital. China está a punto de lanzar su moneda digital en los Juegos Olímpicos de Invierno de 2022. Todo será digital, incluidos los cheques de pago, los pagos de facturas, la compra y venta, y casi todas las transacciones que involucran "dinero". No estoy seguro de cómo van a implementar su método en el que las personas podrán llevar su billetera digital, pero en este momento están usando teléfonos celulares para eso.

Es posible que pronto se requiera que cada ser humano tenga un microchip implantado. O al menos todas las personas en los países tecnológicamente más avanzados, pero con el tiempo será necesario en todo el mundo. El anticristo reinará sobre todo el mundo.

y que ninguno pudiese comprar ni vender, sino el que tuviese la marca o el nombre de la bestia, o el número de su nombre.
Apocalipsis 13:17 RVR1960

Lo que creo de acuerdo con las Escrituras, es que cuando llegue el momento en que la marca de la bestia será implantada, impondrán una fecha límite para que todos obtengan la marca. Después de que pase la fecha límite, todas las billeteras digitales de las personas que no han sido marcadas se cerrarán, por lo que no pueden comprar o vender. Recuerde que la marca es en realidad una marca, no un dispositivo financiero.

¿Puedo tener la marca y aun así ser salvo?

Esta es una pregunta real que muchas personas tienen, y la única respuesta está en la Biblia. La respuesta corta es NO. La respuesta larga es NO y esta es la razón;

Y el tercer ángel los siguió, diciendo a gran voz: Si alguno adora a la bestia y a su imagen, y recibe la marca en su frente o en su mano, él también beberá del vino de la ira de Dios, que ha sido vaciado puro en el cáliz de su ira; y será atormentado con fuego y azufre delante de los santos ángeles y del Cordero; y el humo de su tormento sube por los siglos de los siglos. Y no tienen reposo de día ni de noche los que adoran a la bestia y a su imagen, ni nadie que reciba la marca de su nombre. Apocalipsis 14:9-11 RVR1960

La Biblia es muy clara en esto. Tienes que decidir renunciar a Jesús, aceptar adorar a la bestia y reconocerlo como el único dios verdadero. No serás engañado para obtener la marca. No se lo ocultarán a la gente. No la aceptarás por accidente. O tomas la marca, adoras a la bestia y su imagen, o serás decapitado. Pero si decides tomar la marca, no hay salvación para ti, ni para nadie que la tome.

Cronología del Fin de los Tiempos

De acuerdo con todos nuestros estudios, con la oración y la guía del Espíritu Santo, reunimos una cronología de los eventos de los últimos siete años. Cada evento importante será designado por una letra, y explicado con versículos de apoyo.

Tenga en cuenta:

- Semana - 7 años
- Tiempo - 1 año
- Tiempos - 2 años
- Mitad de tiempo - 1/2 año
- 3.5 años = 42 meses = 1,260 días = Tiempo, tiempos y mitad de tiempo

Hay algunas cosas importantes que entender para que la Cronología del Fin de los Tiempos tenga sentido. Sabemos que no hay uno como este por ahí y queremos explicar algo de lo que nos llevó a esta cronología. Cada versículo tenía que tener sentido en relación con todos los demás versículos. Esto nos llevó a reescribirlo hasta que todo encajara. Teníamos la idea de que los 7 años podrían terminar antes del regreso de Cristo, pero no lo creímos hasta que encontramos versículo tras versículo apoyándolo. Cada Cronología del Fin de los Tiempos que comparamos no resistía todos los versículos de las Escrituras (incluidos nuestros primeros borradores). Para ser bíblicamente exactos, todos los relatos y tiempos tienen que encajar. Nunca pondremos una Cronología del Fin de los Tiempos si sabemos que hay una pieza importante que se deja fuera porque no se ajusta a nuestra opinión. Primero vamos a enumerar algunos versículos que hablan de tres años y medio.

Los versículos más claros son los que dicen que las cosas durarán 1,260 días.

Y daré a mis dos testigos que profeticen por mil doscientos sesenta días, vestidos de cilicio.
Apocalipsis 11:3 RVR1960

Y la mujer huyó al desierto, donde tiene lugar preparado por Dios, para que allí la sustenten por mil doscientos sesenta días.
Apocalipsis 12:6 RVR1960

También hay versículos que dicen que los eventos durarán 42 meses.

Pero el patio que está fuera del templo déjalo aparte, y no lo midas, porque ha sido entregado a los gentiles; y ellos hollarán la ciudad santa cuarenta y dos meses.
Apocalipsis 11:2 RVR1960

También se le dio boca que hablaba grandes cosas y blasfemias; y se le dio autoridad para actuar cuarenta y dos meses.
Apocalipsis 13:5 RVR1960

Y estos versículos dicen que las cosas sucederán por un tiempo, tiempos y medio tiempo. Tenga en cuenta que el primer evento enumerado también se describe anteriormente, por lo que sabemos que la creencia de que esto es 3.5 años es correcta.

Y hablará palabras contra el Altísimo, y a los santos del Altísimo quebrantará, y pensará en cambiar los tiempos y la ley; y serán entregados en su mano hasta tiempo, y tiempos, y medio tiempo.
Daniel 7:25 RVR1960

Y oí al varón vestido de lino, que estaba sobre las aguas del río, el cual alzó su diestra y su siniestra al cielo, y juró por el que vive por los siglos, que será por tiempo, tiempos, y la mitad de un tiempo. Y cuando se acabe la dispersión del poder del pueblo santo, todas estas cosas serán cumplidas.
Daniel 12:7 RVR1960

Y se le dieron a la mujer las dos alas de la gran águila, para que volase de delante de la serpiente al desierto, a su lugar, donde es sustentada por un tiempo, y tiempos, y la mitad de un tiempo.
Apocalipsis 12:14 RVR1960

También hay algunos versículos que son confusos y no encajaban perfectamente en la Cronología del Fin de Tiempo. Los hemos enumerado aquí, pero los explicaremos a medida que avanzamos.

Y desde el tiempo que sea quitado el continuo sacrificio hasta la abominación desoladora, habrá mil doscientos noventa días.
Daniel 12:11 RVR1960

Bienaventurado el que espere, y llegue a mil trescientos treinta y cinco días.
Daniel 12:12 RVR1960

Entonces oí a un santo que hablaba; y otro de los santos preguntó a aquel que hablaba: ¿Hasta cuándo durará la visión del continuo sacrificio, y la prevaricación asoladora entregando el santuario y el ejército para ser pisoteados? Y él dijo: Hasta dos mil trescientas tardes y mañanas; luego el santuario será purificado.
Daniel 8:13-14 RVR1960

Todos estos versículos tienen que encajar a la perfección o la Cronología del Fin de los Tiempos no se mantendrá. La Biblia siempre se explica a sí misma, así que estudiamos las Escrituras hasta que tuvimos una mejor comprensión. Ahora vamos a mostrarles cómo llegamos a esta Cronología del Fin de los Tiempos.

Comencemos con el concepto que es el más extraño y necesitará el mayor apoyo bíblico (especialmente para aquellos de ustedes que conocen su Biblia).

El pacto de siete años termina con la Séptima Trompeta. Lo sé, suena raro, pero quédate con nosotros por un minuto mientras explicamos. Comenzó con una discusión entre mi esposa y yo, sobre lo que significa la mitad de las Siete Semanas. ¿Medio en hebreo significa medio? Sí.

En este punto estábamos tratando de encajar la Abominación Desoladora que ocurre a mediados de la Semana con los 1,290 días hasta el final. Si la Abominación Desoladora ocurre a mediados de la Semana, entonces habrían 1,260 días hasta el final. Estos versículos nos confundieron y nos enviaron de vuelta a la oración y a buscar sabiduría en las Escrituras.

Primero descubrí que tenía que haber una brecha entre la Abominación Desoladora y el comienzo de los 42 meses que la mujer está protegida por las Alas de Águila en el desierto. Esto viene de Daniel 11:31-36 cuando describe cómo después de la Abominación Desoladora habrá un tiempo en que "los que tienen entendimiento" instruirán a muchos; sin embargo, durante muchos días caerán por la espada y la llama. Después de estos días se le dará al anticristo para prosperar hasta que la ira se haya cumplido. En Apocalipsis 13:5 al anticristo se le da autoridad por 42 meses.

De esto sabemos que son 42 meses desde que comienza a prosperar en la ciudad santa hasta el final de la ira. Sabemos que estos 42 meses no ocurren inmediatamente después de la Abominación Desoladora debido a los muchos días en que "aquellos con entendimiento" instruirán a muchos y serán perseguidos.

Ahora teníamos un problema. SI medio significa medio, entonces las 42 semanas tienen que comenzar en la Abominación Desoladora. Luego estaba este versículo loco que decía que desde el momento de la Abominación Desoladora habrá 1,290 días. Mi esposa había puesto la Abominación Desoladora 30 días antes de la mitad de la semana y quería defender esta decisión para hacer que los 1,290 días encajaran. Estaba más dispuesto a extender los 1,290 días más allá de los siete años. Ella estaba confundida por esta idea. Finalmente dejó de tratar de hacer que cerca del medio sea lo suficientemente bueno y comenzó a buscar versículos para apoyar mi idea y esto es lo que encontramos.

En Apocalipsis 10:7 dice que en los días del sonar del séptimo ángel, cuando esté a punto de sonar, el misterio de Dios se consumará, como declaró a sus siervos los profetas. (Creemos que este misterio incluye las 70 semanas de Daniel. Mire lo que dice el ángel en Daniel 12:7 "será por un tiempo, tiempos y medio tiempo; y cuando el poder del pueblo santo haya sido completamente destrozado, todas estas cosas serán consumadas.")

Luego en Apocalipsis 11:15-19 dice que el séptimo ángel tocó la trompeta: y una gran voz del cielo dijo: "Los reinos del mundo se han convertido en los reinos de nuestro Señor y de Su Cristo, y Él reinará por los siglos de los siglos… Luego, más adelante en este relato, a medida que los ancianos lo adoran, dicen que Él ha tomado Su gran poder y que Su ira ha venido.

Ahora bien, si el reinado y la ira de Dios han llegado al sonar la Séptima Trompeta, ¿qué hacemos con todos los versículos que suceden después de que suena esa trompeta? Las copas aún no se han derramado, los dos testigos deben estar muertos durante 3,5 días y luego resucitar. La Sexta Copa son espíritus demoníacos que reunirán a todos los hombres de la tierra para luchar contra Dios en la batalla de Armagedón. Estas cosas toman tiempo para lograr por lo que no podemos creer que las copas se vierten al instante.

Así que ahora nos queda un período de tiempo después de los siete años en los que las copas se derraman y Cristo regresa a la tierra en el caballo blanco. Esto ahora hace que los 1,290 días tengan mucho más sentido. También los 1,335 días hasta la limpieza del templo también tienen más sentido. No estamos confinados a un período de siete años. Los siete años fueron un tiempo designado para el pueblo judío. Cuando los dos testigos mueren, el último de los creyentes se ha ido y el "poder del pueblo santo es aplastado". A partir de este momento ya no hay personas salvadas. Todos los que quedan han aceptado la marca de la bestia y todos son enemigos de Dios excepto los 144,000 sellados y el remanente de Israel. Ahora lo peor de Su ira se derrama al tomar el gobierno de la tierra.

Si realmente has estudiado a Daniel, es posible que te estés preguntando sobre los 2,300 días.

Y él dijo: Hasta dos mil trescientas tardes y mañanas; luego el santuario será purificado.
Daniel 8:14 RVR1960

Este versículo confunde a algunos simplemente porque pasan por alto el hecho de que se trata de los sacrificios diarios, no de detenerlos. Desde el momento en que comienzan los sacrificios diarios (que no pueden ser agradables a Dios, ya que Él fue el sacrificio final y los judíos ya no pueden ofrecer la sangre de toros y corderos para expiar sus pecados) hasta el momento en que se limpia el templo es de 2,300 días. Esto ahora encaja perfectamente en nuestra Cronología de Fin de Tiempos.

Ahora que se explica el aspecto más extraño de nuestra Cronología de Fin de Tiempos, expliquemos el resto.

La Cronología de Fin de Tiempos está en la página siguiente.... Si desea una copia en pdf, envíenos un correo electrónico a outofendtimes@gmail.com

Cada elemento de esta Cronología de Fin de Tiempos se explica en la siguiente sección. Busque la letra que está antes de cada elemento y busque la sección correspondiente para la explicación de qué es y los versículos que nos llevaron a colocarlo donde lo hicimos. Intentamos ponerlo en el orden que tenga más sentido, pero siéntase libre de buscar los puntos que más le interesan, o simplemente léalo en orden.

Estamos Cortos de Últimos Tiempos

Cronología del Fin de los Tiempo

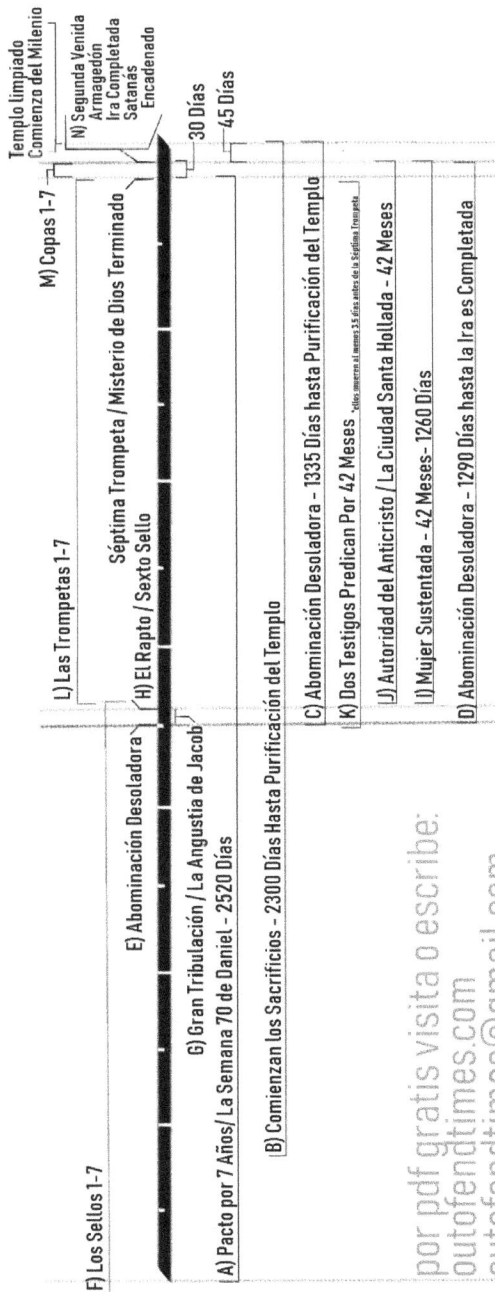

Templo limpiado
Comienzo del Milenio

N) Segunda Venida
Armagedón
Ira Completada
Satanás
Encadenado

30 Días

45 Días

M) Copas 1-7

L) Las Trompetas 1-7

Séptima Trompeta / Misterio de Dios Terminado

H) El Rapto / Sexto Sello

C) Abominación Desoladora – 1335 Días hasta Purificación del Templo

K) Dos Testigos Predican Por 42 Meses   *Ellos mueren al menos 3,5 días antes de la Séptima Trompeta.

J) Autoridad del Anticristo / La Ciudad Santa Hollada – 42 Meses

I) Mujer Sustentada – 42 Meses– 1260 Días

D) Abominación Desoladora – 1290 Días hasta la Ira es Completada

F) Los Sellos 1-7

E) Abominación Desoladora

G) Gran Tribulación / La Angustia de Jacob

G) Pacto por 7 Años/ La Semana 70 de Daniel – 2520 Días

B) Comienzan los Sacrificios – 2300 Días Hasta Purificación del Templo

A) Pacto por 7 Años/ La Semana 70 de Daniel – 2520 Días

por pdf gratis visita o escribe:
outofendtimes.com
outofendtimes@gmail.com

A) Pacto por Siete Años

Daniel 9:20-27 habla acerca de las Setenta Semanas de Daniel. A Daniel se le dice que hay setenta semanas designadas para su pueblo. En hebreo una semana es un grupo de siete. Siete días, semanas, meses o años podrían llamarse semanas. En este caso sabemos por el contexto que se trata de setenta grupos de siete años. El versículo dice que después de las primeras sesenta y nueve semanas el Mesías será cortado, pero no por sí mismo. Esto significa que Él será asesinado. Jesús murió después de las 69 semanas y comenzó la era de la iglesia. La última semana que fue designada para el pueblo judío aún no se ha cumplido. Estos son los últimos siete años antes de que Cristo regrese a gobernar y reinar.

En Daniel 9:27 habla específicamente de cómo el anticristo (el príncipe que ha de venir) hará un pacto con muchos durante una semana, pero a mediados de la semana pondrá fin al sacrificio y la ofrenda y causará la Abominación Desoladora.

Sabe, pues, y entiende, que desde la salida de la orden para restaurar y edificar a Jerusalén hasta el Mesías Príncipe, habrá siete semanas, y sesenta y dos semanas; se volverá a edificar la plaza y el muro en tiempos angustiosos. Y después de las sesenta y dos semanas se quitará la vida al Mesías, mas no por sí; y el pueblo de un príncipe que ha de venir destruirá la ciudad y el santuario; y su fin será con inundación, y hasta el fin de la guerra durarán las devastaciones. Y por otra semana confirmará el pacto con muchos; a la mitad de la semana hará cesar el sacrificio y la ofrenda. Después con la muchedumbre de las abominaciones vendrá el desolador, hasta que venga la consumación, y lo que está determinado se derrame sobre el desolador.
Daniel 9:25-27 RVR1960

Este es el pacto de siete años que será roto en el medio por la Abominación Desoladora. Creemos que los judíos entrarán en este pacto con la promesa de que pueden reconstruir su Templo y sacrificar de nuevo, porque el Templo tiene que volver a ser edificado, y el sacrificio tiene que comenzar para que se detenga en medio de los Siete Años.

B) Comienza los sacrificios – purificación de Templo

Hay 2,300 días desde el momento en que comienzan a sacrificar hasta la purificación. Y hay 1,335 días desde la Abominación Desoladora hasta la purificación. Así que desde el momento en que comienza el sacrificio hasta la Abominación Desoladora hay 2,300 – 1,335 = 965 días. Si quieres comenzar a contar cuando se nos presente, esta será otra confirmación para ti de que la Biblia es verdadera. Aparentemente, el templo tardará 285 días en ser reconstruido y preparado antes de que comiencen los sacrificios después de que se haga el convenio.

Y él dijo: Hasta dos mil trescientas tardes y mañanas; luego el santuario será purificado.
Daniel 8:14 RVR1960

C) 1,335 Días hasta la purificación

Desde la Abominación Desoladora habrá 1,335 días hasta que el templo sea purificado. Esto nos saca de los Siete Años. Sabemos que el templo será purificado 45 días después del regreso de Jesús porque desde la Abominación hasta el final de la Ira habrá 1,290 días. Así que tenemos 45 días después de la Ira cuando el templo será purificado.

Bienaventurado el que espere, y llegue a mil trescientos treinta y cinco días.
Daniel 12:12 RVR1960

D) 1,290 días desde la Abominación hasta el fin.

Habrá 1,290 días desde la Abominación hasta el final de todas estas cosas. Estas cosas que fueron descritas por el ángel en los versículos anteriores son la Ira. Dice en la profecía que este ángel está explicando, que el anticristo prosperará hasta que se cumpla la Ira. Así que ahora sabemos que habrá 1,290 días desde la Abominación Desoladora hasta el final de la Ira. Y sabemos que prosperará durante 42 meses así que podemos usar esto, para marcar el momento en que comience a gobernar Jerusalén. Veamos estos versículos.

Y el rey hará su voluntad, y se ensoberbecerá, y se engrandecerá sobre todo dios; y contra el Dios de los dioses hablará maravillas, y prosperará, hasta que sea consumada la ira; porque lo determinado se cumplirá.
Daniel 11:36 RVR1960

Y desde el tiempo que sea quitado el continuo sacrificio hasta la abominación desoladora, habrá mil doscientos noventa días.
Daniel 12:11 RVR1960

También se le dio boca que hablaba grandes cosas y blasfemias; y se le dio autoridad para actuar cuarenta y dos meses.
Apocalipsis 13:5 RVR1960

E) La Abominación Desoladora

Ya que ya hemos comenzado a hablar sobre la Abominación Desoladora, vamos a cubrirlo a continuación. Es un punto de partida del cual podemos determinar muchas otras cosas. El Sexto Sello sucede después de ella, al igual que el Rapto. Muchas de los eventos mencionados en los Últimos Tiempos se miden a partir de este punto. Primero, ¿qué es? La Abominación es algo que se establece en el punto medio de la última semana.

Y por otra semana confirmará el pacto con muchos; a la mitad de la semana hará cesar el sacrificio y la ofrenda. Después con la muchedumbre de las abominaciones vendrá el desolador, hasta que venga la consumación, y lo que está determinado se derrame sobre el desolador.
Daniel 9:27 RVR1960

Es algo que Dios permite como juicio por transgresión.

Aun se engrandeció contra el príncipe de los ejércitos, y por él fue quitado el continuo sacrificio, y el lugar de su santuario fue echado por tierra. Y a causa de la prevaricación le fue entregado el ejército junto con el continuo sacrificio; y echó por tierra la verdad, e hizo cuanto quiso, y prosperó.
Daniel 8:11-12 RVR1960

Y tiene algo que ver con, o es seguido poco después por el anticristo declarándose dios. En Daniel 12:11 la Abominación Desoladora es "establecida" y Daniel 11:31-37 vemos que la Abominación Desoladora es "colocada" en el Templo como el anticristo blasfema y se exalta a sí mismo por encima de todo dios.

Y se levantarán de su parte tropas que profanarán el santuario y la fortaleza, y quitarán el continuo sacrificio, y pondrán la abominación desoladora.
Daniel 11:31 RVR1960

Y el rey hará su voluntad, y se ensoberbecerá, y se engrandecerá sobre todo dios; y contra el Dios de los dioses hablará maravillas, y prosperará, hasta que sea consumada la ira; porque lo determinado se cumplirá.
Daniel 11:36 RVR1960

Ahora mire 2 Tesalonicenses 2: 1-4 donde Pablo habla sobre la venida de nuestro Señor Jesucristo y nuestra reunión con Él. Dice:

Pero con respecto a la venida de nuestro Señor Jesucristo, y nuestra reunión con él, os rogamos, hermanos, que no os dejéis mover fácilmente de vuestro modo de pensar, ni os conturbéis, ni por espíritu, ni por palabra, ni por carta como si fuera nuestra, en el sentido de que el día del Señor está cerca. Nadie os engañe en ninguna manera; porque no vendrá sin que antes venga la apostasía, y se manifieste el hombre de pecado, el hijo de perdición, el cual se opone y se levanta contra todo lo que se llama Dios o es objeto de culto; tanto que se sienta en el templo de Dios como Dios, haciéndose pasar por Dios.
2 Tesalonicenses 2:1-4 RVR1960

Esto suena como la Abominación Desoladora en Daniel. Así que tenemos otro versículo que muestra que el Rapto (la reunión de los santos con Cristo) no sucederá hasta después de la Abominación Desoladora. Aquí está el pasaje más claro con respecto a este evento.

Pero cuando veáis la abominación desoladora de que habló el profeta Daniel, puesta donde no debe estar (el que lee, entienda), entonces los que estén en Judea huyan a los montes. porque aquellos días serán de tribulación cual nunca ha habido desde el principio de la creación que Dios creó, hasta este tiempo, ni la habrá. Pero en aquellos días, después de aquella tribulación, el sol se oscurecerá, y la luna no dará su resplandor, y las estrellas caerán del cielo, y las potencias que están en los cielos serán conmovidas. Entonces verán al Hijo del Hombre, que vendrá en las nubes con gran poder y gloria. Y entonces enviará sus ángeles, y

juntará a sus escogidos de los cuatro vientos, desde el extremo de la tierra hasta el extremo del cielo.
S. Marcos 13:14, 19, 24-27 RVR1960

F) Los Siete Sellos

Algo para recordar cuando hablamos de Los Sellos. Son lo que mantiene cerrado El Rollo que contiene la ira del Cordero y de Dios. Imagínese un pedazo de papel literalmente enrollado y sellado con siete sellos de cera. Esto es lo que se está describiendo. A medida que cada sello es removido en el cielo, ocurren eventos en la tierra que conducen a la apertura del rollo que contiene la Ira. Recuerde que lo que sucede en el reino espiritual afecta lo físico. Esto no es simbolismo... Este es un evento espiritual que crea o libera un evento físico. Una vez que se abra este pergamino, comienza la Ira. Pensamos que el frente del rollo contiene la ira del Cordero (Las Trompetas) y la parte posterior la Ira de Dios (Las Copas).

Los sellos comienzan cuando el anticristo comienza a montar. Creemos que esto puede comenzar antes del pacto. Los Sellos se liberan uno por uno, pero no tenemos un momento claro para ellos, por lo que los hemos agrupado en el marco de tiempo que conocemos.

El Primer Sello será el anticristo montando

- *Y miré, y he aquí un caballo blanco; y el que lo montaba tenía un arco; y le fue dada una corona, y salió venciendo, y para vencer.*
  Apocalipsis 6:2 RVR1960

- *porque vendrán muchos en mi nombre, diciendo: Yo soy el Cristo; y engañarán a muchos. Mas cuando oigáis de guerras y de rumores de guerras, no os turbéis, porque es necesario que suceda así; pero aún no es el fin.*
  S. Marcos 13:6-7 RVR1960

El Segundo Sello será una guerra mundial

- *Y salió otro caballo, bermejo; y al que lo montaba le fue dado poder de quitar de la tierra la paz, y que se matasen unos a*

  otros; y se le dio una gran espada.
  Apocalipsis 6:4 RVR1960

- *Porque se levantará nación contra nación, y reino contra reino;*
  S. Marcos 13:8 RVR1960

El Tercer Sello será hambruna

- *Y oí una voz de en medio de los cuatro seres vivientes, que decía: Dos libras de trigo por un denario, y seis libras de cebada por un denario; pero no dañes el aceite ni el vino.*
  Apocalipsis 6:6 RVR1960

- *y habrá terremotos en muchos lugares, y habrá hambres y alborotos; principios de dolores son éstos.*
  S. Marcos 13:8 RVR1960

El Cuarto Sello será la muerte por espada, el hambre y las bestias

- *Miré, y he aquí un caballo amarillo, y el que lo montaba tenía por nombre Muerte, y el Hades le seguía; y le fue dada potestad sobre la cuarta parte de la tierra, para matar con espada, con hambre, con mortandad, y con las fieras de la tierra.*
  Apocalipsis 6:8 RVR1960

- *Por lo cual así ha dicho Jehová el Señor: ¿Cuánto más cuando yo enviare contra Jerusalén mis cuatro juicios terribles, espada, hambre, fieras y pestilencia, para cortar de ella hombres y bestias?*
  Ezequiel 14:21 RVR1960

- *Porque se levantará nación contra nación, y reino contra reino; y habrá pestes, y hambres, y terremotos en diferentes lugares.*
  S. Mateo 24:7 RVR1960

- (Tenga en cuenta que Marcos es similar, pero omite la palabra pestilencia... así que usé a Mateo aquí. Creo que las bestias podrían ser vectores de las pestes y quería incluir estos versículos para mostrar eso. También compáralo con lo que Dios dice que está enviando contra Jerusalén durante este tiempo. También muy similar.)

El Quinto Sello es desde la perspectiva del cielo y muestra a aquellos que están siendo martirizados en la tierra.

- *Cuando abrió el quinto sello, vi bajo el altar las almas de los que habían sido muertos por causa de la palabra de Dios y por el testimonio que tenían. Y clamaban a gran voz, diciendo: ¿Hasta cuándo, Señor, santo y verdadero, no juzgas y vengas nuestra sangre en los que moran en la tierra? Y se les dieron vestiduras blancas, y se les dijo que descansasen todavía un poco de tiempo, hasta que se completara el número de sus consiervos y sus hermanos, que también habían de ser muertos como ellos.*
  Apocalipsis 6:9-11 RVR1960

- *Pero cuando os trajeren para entregaros, no os preocupéis por lo que habéis de decir, ni lo penséis, sino lo que os fuere dado en aquella hora, eso hablad; porque no sois vosotros los que habláis, sino el Espíritu Santo. Y el hermano entregará a la muerte al hermano, y el padre al hijo; y se levantarán los hijos contra los padres, y los matarán. Y seréis aborrecidos de todos por causa de mi nombre; mas el que persevere hasta el fin, éste será salvo.*
  S. Marcos 13:11-13 RVR1960

El Sexto Sello será el sol, la luna y las estrellas que se oscurecerán a medida que la gente se esconda de la ira del Cordero que está por venir. En este momento los 144,000

hombres judíos son sellados y los santos que son arrebatados de la tribulación aparecen en el cielo.

- *Miré cuando abrió el sexto sello, y he aquí hubo un gran terremoto; y el sol se puso negro como tela de cilicio, y la luna se volvió toda como sangre;*
  Apocalipsis 6:12 RVR1960

- *Y los reyes de la tierra, y los grandes, los ricos, los capitanes, los poderosos, y todo siervo y todo libre, se escondieron en las cuevas y entre las peñas de los montes; y decían a los montes y a las peñas: Caed sobre nosotros, y escondednos del rostro de aquel que está sentado sobre el trono, y de la ira del Cordero; porque el gran día de su ira ha llegado; ¿y quién podrá sostenerse en pie?*
  Apocalipsis 6:15-17 RVR1960

- *Después de esto miré, y he aquí una gran multitud, la cual nadie podía contar, de todas naciones y tribus y pueblos y lenguas, que estaban delante del trono y en la presencia del Cordero, vestidos de ropas blancas, y con palmas en las manos; y clamaban a gran voz, diciendo: La salvación pertenece a nuestro Dios que está sentado en el trono, y al Cordero.*
  Apocalipsis 7:9-10 RVR1960

- *Entonces uno de los ancianos habló, diciéndome: Estos que están vestidos de ropas blancas, ¿quiénes son, y de dónde han venido? Yo le dije: Señor, tú lo sabes. Y él me dijo: Éstos son los que han salido de la gran tribulación, y han lavado sus ropas, y las han emblanquecido en la sangre del Cordero.*
  Apocalipsis 7:13-14 RVR1960

- *Pero en aquellos días, después de aquella tribulación, el sol se oscurecerá, y la luna no dará su resplandor, y las estrellas caerán del cielo, y las potencias que están en los cielos serán conmovidas. Entonces verán al Hijo del Hombre, que vendrá en las nubes con gran poder y gloria. Y entonces enviará sus ángeles, y juntará a sus escogidos de los cuatro vientos, desde el*

extremo de la tierra hasta el extremo del cielo.
S. Marcos 13:24-27 RVR1960

- Tenga en cuenta que los sellados son específicamente de Israel, están vivos en el momento del sellado y son varones vírgenes... la gran multitud es de cada tribu, pueblo y lengua y están reunidos tanto del cielo como de la tierra. Por favor, no confunda estos dos grupos.

Séptimo Sello las Trompetas son dadas a siete ángeles y el fuego es arrojado a la tierra.

- *Cuando abrió el séptimo sello, se hizo silencio en el cielo como por media hora. Y vi a los siete ángeles que estaban en pie ante Dios; y se les dieron siete trompetas. Otro ángel vino entonces y se paró ante el altar, con un incensario de oro; y se le dio mucho incienso para añadirlo a las oraciones de todos los santos, sobre el altar de oro que estaba delante del trono. Y de la mano del ángel subió a la presencia de Dios el humo del incienso con las oraciones de los santos. Y el ángel tomó el incensario, y lo llenó del fuego del altar, y lo arrojó a la tierra; y hubo truenos, y voces, y relámpagos, y un terremoto. Y los siete ángeles que tenían las siete trompetas se dispusieron a tocarlas.*
Apocalipsis 8:1-6 RVR1960

Por favor, tómese un momento para ir y leer Marcos 13 (o Mateo 24, o Lucas 21) y Apocalipsis 6-7 completamente y comparar estos sellos con lo que Jesús dice. Verás que Él les advierte de los sellos en el orden en que suceden en Apocalipsis. Luego, en el versículo 14, Él advierte de la Abominación Desoladora y les dice a todos en Judea que huyan. Esto iniciará un corto período llamado la Gran Tribulación. Este es el mismo tiempo que "los que tienen entendimiento" según Daniel van a ser martirizados.

Y se levantarán de su parte tropas que profanarán el santuario y la fortaleza, y quitarán el continuo sacrificio, y pondrán la abominación desoladora. Con lisonjas seducirá a los violadores del pacto; mas el pueblo que conoce a su Dios se

esforzará y actuará. Y los sabios del pueblo instruirán a muchos; y por algunos días caerán a espada y a fuego, en cautividad y despojo.
Daniel 11:31-33 RVR1960

Esta Gran Tribulación termina con el Rapto de la Iglesia y el remanente de Israel siendo llevado en Alas de Águila al desierto para ser nutrido durante 42 meses. Estos son los judíos que se vuelven a Dios después de mirar a "Aquel a quien traspasaron" cuando viene por nosotros en las nubes.

Consulte las secciones del Rapto y Mujer Sustentada para obtener más información.

G) La Gran Tribulación y el tiempo de angustia de Jacob.

La Gran Tribulación le sucederá a la Iglesia, y después de que seamos raptados, los judíos que comiencen a creer enfrentarán el tiempo de angustia de Jacob. Primero la Gran Tribulación.

Después de la Abominación Desoladora habrá un tiempo de persecución y tribulación como nunca antes. Esta no terminará hasta que seamos arrebatados.

Pero cuando veáis la abominación desoladora de que habló el profeta Daniel, puesta donde no debe estar (el que lee, entienda), entonces los que estén en Judea huyan a los montes. porque aquellos días serán de tribulación cual nunca ha habido desde el principio de la creación que Dios creó, hasta este tiempo, ni la habrá. Y si el Señor no hubiese acortado aquellos días, nadie sería salvo; mas por causa de los escogidos que él escogió, acortó aquellos días. Pero en aquellos días, después de aquella tribulación, el sol se oscurecerá, y la luna no dará su resplandor, y las estrellas caerán del cielo, y las potencias que están en los cielos serán conmovidas. Entonces verán al Hijo del Hombre, que vendrá en las nubes con gran poder y gloria.
S. Marcos 13:14, 19-20, 24-26 RVR1960

Y los sabios del pueblo instruirán a muchos; y por algunos días caerán a espada y a fuego, en cautividad y despojo.
Daniel 11:33 RVR1960

Si cree que debido a que Jesús lo ama, no le permitirá pasar por tiempos difíciles, entonces debe considerar lo que dice la Biblia acerca de pasar por la tribulación.

Daniel continúa: *También algunos de los sabios caerán para ser depurados y limpiados y emblanquecidos, hasta el tiempo determinado; porque aun para esto hay plazo.*
Daniel 11:35 RVR1960

Pablo nos dice que la tribulación es espiritualmente buena para nosotros:

Y no sólo esto, sino que también nos gloriamos en las tribulaciones, sabiendo que la tribulación produce paciencia; y la paciencia, prueba; y la prueba, esperanza; y la esperanza no avergüenza; porque el amor de Dios ha sido derramado en nuestros corazones por el Espíritu Santo que nos fue dado.
Romanos 5:3-5 RVR1960

Jesús dice:

Estas cosas os he hablado para que en mí tengáis paz. En el mundo tendréis aflicción; pero confiad, yo he vencido al mundo.
S. Juan 16:33 RVR1960

Pablo pregunta:

¿Quién nos separará del amor de Cristo? ¿Tribulación, o angustia, o persecución, o hambre, o desnudez, o peligro, o espada?
Romanos 8:35 RVR1960

En Apocalipsis Jesús advierte:

No temas en nada lo que vas a padecer. He aquí, el diablo echará a algunos de vosotros en la cárcel, para que seáis probados, y tendréis tribulación por diez días. Sé fiel hasta la muerte, y yo te daré la corona de la vida.
Apocalipsis 2:10 RVR1960

Pero sabemos que termina bien porque cuando hayamos aguantado hasta el final seremos salvos:

Yo le dije: Señor, tú lo sabes. Y él me dijo: Éstos son los que han salido de la gran tribulación, y han lavado sus ropas, y las han emblanquecido en la sangre del Cordero.
Apocalipsis 7:14 RVR1960

Este siguiente pasaje también describe la Gran Tribulación pero en el libro de Lucas. Lo que es diferente es que menciona los ejércitos (que Daniel también menciona cuando habla del establecimiento de la Abominación Desoladora) que rodean la ciudad. Luego describe cómo habrá gran angustia en la tierra e ira sobre este pueblo (el pueblo judío). Dice que caerán a espada y serán llevados cautivos a todas las naciones. Léalo con atención porque veremos esto en el momento de la angustia de Jacob.

Pero cuando viereis a Jerusalén rodeada de ejércitos, sabed entonces que su destrucción ha llegado. Entonces los que estén en Judea, huyan a los montes; y los que en medio de ella, váyanse; y los que estén en los campos, no entren en ella. Porque éstos son días de retribución, para que se cumplan todas las cosas que están escritas. Mas ¡ay de las que estén encintas, y de las que críen en aquellos días! porque habrá gran calamidad en la tierra, e ira sobre este pueblo. Y caerán a filo de espada, y serán llevados cautivos a todas las naciones; y Jerusalén será hollada por los gentiles, hasta que los tiempos de los gentiles se cumplan.
S. Lucas 21:20-24 RVR1960

Ahora, cuando seamos arrebatados, el dragón vuelve su ira sobre el pueblo de Israel. Los ejércitos que rodean la ciudad finalmente ganan y la gente es llevada al cautiverio.

Y ella dio a luz un hijo varón, que regirá con vara de hierro a todas las naciones; y su hijo fue arrebatado para Dios y para su trono. Y la mujer huyó al desierto, donde tiene lugar preparado por Dios, para que allí la sustenten por mil doscientos sesenta días. Y fue lanzado fuera el gran dragón, la serpiente antigua, que se llama diablo y Satanás, el cual engaña al mundo entero; fue arrojado a la tierra, y sus ángeles fueron arrojados con él. Entonces oí una gran voz en el cielo, que decía: Ahora ha venido la salvación, el poder, y el reino de nuestro Dios, y la autoridad de su Cristo; porque ha sido lanzado fuera el acusador de nuestros

hermanos, el que los acusaba delante de nuestro Dios día y noche. Y ellos le han vencido por medio de la sangre del Cordero y de la palabra del testimonio de ellos, y menospreciaron sus vidas hasta la muerte. Por lo cual alegraos, cielos, y los que moráis en ellos. ¡Ay de los moradores de la tierra y del mar! porque el diablo ha descendido a vosotros con gran ira, sabiendo que tiene poco tiempo.
Apocalipsis 12:5-6, 9-12 RVR1960

Satanás fue expulsado del cielo y está furioso. Persigue a la mujer con toda esta rabia. Este es el momento de la angustia de Jacob. El tiempo del que se salvará Jacob.

Estas son las palabras que habló el SEÑOR acerca de Israel y Judá.

Éstas, pues, son las palabras que habló Jehová acerca de Israel y de Judá. Porque así ha dicho Jehová: Hemos oído voz de temblor; de espanto, y no de paz. Inquirid ahora, y mirad si el varón da a luz; porque he visto que todo hombre tenía las manos sobre sus lomos, como mujer que está de parto, y se han vuelto pálidos todos los rostros. ¡Ah, cuán grande es aquel día! tanto, que no hay otro semejante a él; tiempo de angustia para Jacob; pero de ella será librado. En aquel día, dice Jehová de los ejércitos, yo quebraré su yugo de tu cuello, y romperé tus coyundas, y extranjeros no lo volverán más a poner en servidumbre,
Jeremías 30:4-8 RVR1960

Tú, pues, siervo mío Jacob, no temas, dice Jehová, ni te atemorices, Israel; porque he aquí que yo soy el que te salvo de lejos a ti y a tu descendencia de la tierra de cautividad; y Jacob volverá, descansará y vivirá tranquilo, y no habrá quien le espante. Porque yo estoy contigo para salvarte, dice Jehová, y destruiré a todas las naciones entre las cuales te esparcí; pero a ti no te destruiré, sino que te castigaré con justicia; de ninguna manera te dejaré sin castigo. No se calmará el ardor de la ira de Jehová, hasta que haya hecho y cumplido los pensamientos de su corazón; en el fin de los días entenderéis esto.
Jeremías 30:10-11, 24 RVR1960

En aquel tiempo, dice Jehová, yo seré por Dios a todas las familias de Israel, y ellas me serán a mí por pueblo. Así ha dicho Jehová: El pueblo que escapó de la espada halló gracia en el desierto, cuando Israel iba en busca de reposo. Jehová se manifestó a mí hace ya mucho tiempo, diciendo: Con amor eterno te he amado; por tanto, te prolongué mi misericordia.
Jeremías 31:1-3 RVR1960

Tenga en cuenta que este es un momento de graves problemas para Israel, pero que Dios los salva de ellos y que aquellos que sobreviven a la espada encuentran gracia y descanso en el desierto. Este tiempo dura menos de 30 días para aquellos de Israel que encuentran gracia y descanso.

Los que sobrevivan mirarán a Jesús cuando regrese por nosotros en las nubes y se darán cuenta de que estaban equivocados acerca del Mesías. Se arrepentirán pero se habrán perdido el Rapto. Estos son el remanente de Israel.

He aquí que viene con las nubes, y todo ojo le verá, y los que le traspasaron; y todos los linajes de la tierra harán lamentación por él. Sí, amén.
Apocalipsis 1:7 RVR1960

Y derramaré sobre la casa de David, y sobre los moradores de Jerusalén, espíritu de gracia y de oración; y mirarán a mí, a quien traspasaron, y llorarán como se llora por hijo unigénito, afligiéndose por él como quien se aflige por el primogénito. En aquel día habrá gran llanto en Jerusalén, como el llanto de Hadadrimón en el valle de Meguido.
Zacarías 12:10-11 RVR1960

Ahora volvamos a la Cronología de Fin de Tiempos. Si miran al que han traspasado y lloran en Israel, habrá una multitud que se salvará pero no será arrebatada. Estos son el remanente que Dios alimenta en el desierto.

H) El Rapto

Si pasó a esta sección para ver si nuestra explicación del Rapto coincide con lo que ya cree, tómese un segundo para quitarse los anteojos denominacionales. A veces ni siquiera nos damos cuenta de que nos los hemos vuelto a poner. Apoyaremos cada punto de vista que compartimos con los versículos de la Biblia.

Primero el Rapto

Porque el Señor mismo con voz de mando, con voz de arcángel, y con trompeta de Dios, descenderá del cielo; y los muertos en Cristo resucitarán primero. Luego nosotros los que vivimos, los que hayamos quedado, seremos arrebatados juntamente con ellos en las nubes para recibir al Señor en el aire, y así estaremos siempre con el Señor. Por tanto, alentaos los unos a los otros con estas palabras.
1 Tesalonicenses 4:16-18 RVR1960

¿Pero cuando pasa esto?

Pablo explica en 2 Tesalonicenses 2:1-4 donde habla de la venida de nuestro Señor Jesucristo y de nuestra reunión con Él. Él dice:

Pero con respecto a la venida de nuestro Señor Jesucristo, y nuestra reunión con él, os rogamos, hermanos, que no os dejéis mover fácilmente de vuestro modo de pensar, ni os conturbéis, ni por espíritu, ni por palabra, ni por carta como si fuera nuestra, en el sentido de que el día del Señor está cerca. Nadie os engañe en ninguna manera; porque no vendrá sin que antes venga la apostasía, y se manifieste el hombre de pecado, el hijo de perdición, el cual se opone y se levanta contra todo lo que se llama Dios o es objeto de culto; tanto que se sienta en el templo de Dios como Dios, haciéndose pasar por Dios.
2 Tesalonicenses 2:1-4 RVR1960

Esto suena como la Abominación Desoladora de Daniel. (Si aún no lo ha leído, lea el punto E, la Abominación). Entonces, este versículo muestra que el Rapto (la reunión de los santos con Cristo) no sucederá hasta después de la Abominación Desoladora. Luego está Mateo 24 y Marcos 13, ambos el mismo relato que dice que después de la tribulación de esos días Él vendrá en las nubes por nosotros. La tribulación de esos días comienza después de la Abominación Desoladora. Lea esto en Marcos 13. Por favor, léalo usted mismo para que pueda ver los versículos que dejamos a un lado porque era demasiado largo y pueda comprender que todo esto es un solo concepto.

Pero cuando veáis la abominación desoladora de que habló el profeta Daniel, puesta donde no debe estar (el que lee, entienda), entonces los que estén en Judea huyan a los montes. porque aquellos días serán de tribulación cual nunca ha

habido desde el principio de la creación que Dios creó, hasta este tiempo, ni la habrá. Pero en aquellos días, después de aquella tribulación, el sol se oscurecerá, y la luna no dará su resplandor, y las estrellas caerán del cielo, y las potencias que están en los cielos serán conmovidas. Entonces verán al Hijo del Hombre, que vendrá en las nubes con gran poder y gloria. Y entonces enviará sus ángeles, y juntará a sus escogidos de los cuatro vientos, desde el extremo de la tierra hasta el extremo del cielo.
S. Marcos 13:14, 19, 24-27 RVR1960

Entonces sabemos que sucede después de la Abominación y que habrá un período de Gran Tribulación antes de que nos vayamos. También sabemos que el Rapto sucede en el sexto sello. (Si se perdió eso, lea la sección del Sexto Sello de la Parte F de los Sellos).

Entonces sabemos que sucede en el Sexto Sello, pero ¿cuándo es el Sexto Sello? La siguiente sección será sobre la mujer vestida del sol en Apocalipsis 12 y profundizaremos más allí, pero sabemos que el Rapto ocurre antes de que la mujer sea llevada al desierto por las Alas de Águila. Este período dura 42 meses, hasta el final de la ira. Entonces sabemos que el Sexto Sello y el Rapto suceden en algún momento en los 30 días entre la Abominación y la Mujer que es llevada al desierto.

I) Mujer Sustentada

Consulte Apocalipsis 12 si desea comprender mejor esta explicación. El capítulo es demasiado largo para incluirlo aquí. Aquí está el verso principal que describe a la mujer.

Apareció en el cielo una gran señal: una mujer vestida del sol, con la luna debajo de sus pies, y sobre su cabeza una corona de doce estrellas.
Apocalipsis 12:1 RVR1960

En primer lugar, ¿quién es la mujer? Te daré una pista, su nombre no es María. La mujer descrita aquí está vestida del sol y la luna a sus pies y doce estrellas en su cabeza. Ahora, para entender quién es, necesitamos ver en la Biblia si podemos encontrar el sol y la luna y doce estrellas.

Soñó aun otro sueño, y lo contó a sus hermanos, diciendo: He aquí que he soñado otro sueño, y he aquí que el sol y la luna y once estrellas se inclinaban a mí.
Génesis 37:9 RVR1960

Pero el sueño de José tenía solo once estrellas. Esto se debe a que José es uno de los doce hijos de Israel y en su sueño su padre (el sol), su madre (la luna) y sus once hermanos (las estrellas) se inclinan ante él.

Debido a que la Biblia explica la Biblia, podemos ver que la mujer en Apocalipsis 12 debe ser la nación de Israel. Esta explicación también tiene más sentido en el contexto del versículo.

El resto de este pasaje dice que ella dio a luz a un hijo varón que gobernaría las naciones con vara de hierro, el dragón estaba esperando a sus pies para devorar al niño, el niño fue arrebatado al cielo y el dragón persiguió a la mujer.

A primera vista, la gente piensa que la mujer es María y el niño Jesús, pero esto no funciona. Primero, Jesús no fue "arrebatado" al cielo. Esto es un arrebatamiento y si recuerdas en Hechos; Jesús ascendió en la nube y el ángel prometió que regresaría de la misma manera. La palabra arrebatado o rapto, se usa para describir el Rapto de la iglesia en 1 Tesalonicenses 4:17. En segundo lugar, María no fue perseguida después de la ascensión de Jesús. En Apocalipsis, Jesús promete a los vencedores de la Iglesia que gobernarán con vara de hierro.

Al que venciere y guardare mis obras hasta el fin, yo le daré autoridad sobre las naciones, y las regirá con vara de hierro, y serán quebradas como vaso de alfarero; como yo también la he recibido de mi Padre;
Apocalipsis 2:26-27 RVR1960

La mujer es Israel y aquí nosotros, la Iglesia (el cuerpo de Cristo), somos el hijo varón que es arrebatado. Después de que somos arrebatados, Apocalipsis 12 dice que el dragón persiguió a la mujer, pero que fue llevada en alas de águila, donde se la alimenta por tiempo, tiempos y medio tiempo. Son tres años y medio. En otro versículo dice que será alimentada durante 1,260 días. También igual a tres años y medio o 42 meses.

Y la mujer huyó al desierto, donde tiene lugar preparado por Dios, para que allí la sustenten por mil doscientos sesenta días.
Apocalipsis 12:6 RVR1960

Y se le dieron a la mujer las dos alas de la gran águila, para que volase de delante de la serpiente al desierto, a su lugar, donde es sustentada por un tiempo, y tiempos, y la mitad de un tiempo.
Apocalipsis 12:14 RVR1960

Sabemos que el dragón persigue a Israel después del Rapto. También sabemos que el Rapto no ocurre hasta después de la Abominación Desoladora. Sabemos que después de la Abominación Desoladora hay un período de tiempo en el que los Cristianos serán perseguidos.

La gran tribulación.

Y los sabios del pueblo instruirán a muchos; y por algunos días caerán a espada y a fuego, en cautividad y despojo.
Daniel 11:33 RVR1960

Este tiempo es corto. Menos de 30 días en nuestra Cronología del Fin de los Tiempos porque los 1.290 días desde la Abominación Desoladora hasta el final, combinados con los 1.260 días que la Mujer Sustentada, solo quedan 30 días. En estos 30 días la Iglesia será perseguida, luego arrebatada, luego el dragón irá tras Israel. Este período en el que el dragón persigue a Israel también se llama el tiempo de la angustia de Jacob. Consulte la sección Gran Tribulación para obtener más información sobre esto.

También vemos que si hay "muchos días" entre la abominación desoladora y la mujer que es llevada, para cumplir los 1.260 días completos, ella tiene que estar en el desierto más allá del pacto de 7 años.

J) La Autoridad Dada al Anticristo

Durante el mismo período de tiempo que la mujer sea sustentada en el desierto, se le dará autoridad al anticristo para hablar blasfemias y hollar la ciudad santa.

También se le dio boca que hablaba grandes cosas y blasfemias; y se le dio autoridad para actuar cuarenta y dos meses. Y abrió su boca en blasfemias contra Dios, para blasfemar de su nombre, de su tabernáculo, y de los que moran en el cielo. Y se le permitió hacer guerra contra los santos, y vencerlos. También se le dio autoridad sobre toda tribu, pueblo, lengua y nación. Y la adoraron todos los moradores de la tierra cuyos nombres no estaban escritos en el libro de la vida del Cordero que fue inmolado desde el principio del mundo.
Apocalipsis 13:5-8 RVR1960

Y hablará palabras contra el Altísimo, y a los santos del Altísimo quebrantará, y pensará en cambiar los tiempos y la ley; y serán entregados en su mano hasta tiempo, y tiempos, y medio tiempo.
Daniel 7:25 RVR1960

Nota: Estos santos son los que vienen a Cristo cuando ven el Rapto o después del Rapto. Hay muchos, muchos cristianos tibios en este mundo, hay muchos más que se han descarriado y viven en pecado. Se arrepentirán cuando vean que se quedan atrás. Sabían la verdad pero no la vivían. Serán asesinados por el anticristo por un tiempo, tiempos y medio tiempo. Por favor, no seas uno de estos. Por favor, asegúrese de que su vida esté bien con Dios. Por favor examínese y examine su Biblia para ver si está viviendo de una manera que agrada a Dios.

Pero el patio que está fuera del templo déjalo aparte, y no lo midas, porque ha sido entregado a los gentiles; y ellos hollarán la ciudad santa cuarenta y dos meses.
Apocalipsis 11:2 RVR1960

Todos estos versículos hablan del mismo período de tiempo. Un tiempo en el que el anticristo tiene autoridad para blasfemar contra Dios, prevalecer contra los santos (los que se salvan después del

Rapto) y hollar la ciudad santa. En Daniel se nos dice que esto sucede hasta que se completa la ira.

Y el rey hará su voluntad, y se ensoberbecerá, y se engrandecerá sobre todo dios; y contra el Dios de los dioses hablará maravillas, y prosperará, hasta que sea

consumada la ira; porque lo determinado se cumplirá.
Daniel 11:36 RVR1960

Entonces vemos que este período de tiempo (como el tiempo en que la mujer es sustentada) debe comenzar treinta días después de la Abominación Desoladora y durar hasta el final de la ira, 1,290 días después de la Abominación Desoladora.

K) Los Dos Testigos

Y daré a mis dos testigos que profeticen por mil doscientos sesenta días, vestidos de cilicio.
Apocalipsis 11:3 RVR1960

Los Dos Testigos vendrán a profetizar por la misma cantidad de tiempo que la Ciudad Santa será pisoteada por el anticristo. Creemos que comenzarán sus profecías unos días antes de la Abominación Desoladora. Esto se debe a que tienen que predicar durante 42 meses (1,260 días), luego yacen en las calles durante 3.5 días hasta que resuciten. Se levantan justo antes de la Séptima Trompeta, por lo que están en la tierra al menos 1,263.5 días antes de que suene la Séptima Trompeta y termine el pacto de siete años. Esto coloca su llegada justo antes de la Abominación.

Nosotros, los Cristianos, tendremos la oportunidad de verlos y escucharlos justo antes del Rapto. No estamos seguros por cuánto tiempo, porque no tenemos una fecha exacta para el Rapto, pero pueden comenzar su ministerio animando a la Iglesia de Cristo.

Tiene mucho sentido que prediquen durante la segunda mitad de los Siete Años porque los cristianos se habrán ido. Le darán al pueblo judío y al mundo la oportunidad de arrepentirse de su maldad y volverse a Dios. No sabemos exactamente qué dirán o predicarán, pero la Biblia dice que profetizarán y darán testimonio.

Si alguno quiere dañarlos, sale fuego de la boca de ellos, y devora a sus enemigos; y si alguno quiere hacerles daño, debe morir él de la misma manera. Éstos tienen poder para cerrar el cielo, a fin de que no llueva en los días de su profecía; y tienen poder sobre las aguas para convertirlas en sangre, y para herir la tierra con toda plaga, cuantas veces quieran.
Apocalipsis 11:5-6 RVR1960

Los Dos Testigos tendrán el poder de realizar poderosas señales y de defenderse de sus enemigos con una fuerza letal. Intentarán llamar la atención de todo el mundo con diferentes plagas y con juicio.

No podrán morir hasta que terminen los días de sus profecías, entonces el anticristo podrá matarlos. Estarán muertos durante tres días y medio.

Cuando hayan acabado su testimonio, la bestia que sube del abismo hará guerra contra ellos, y los vencerá y los matará. Y sus cadáveres estarán en la plaza de la grande ciudad que en sentido espiritual se llama Sodoma y Egipto, donde también nuestro Señor fue crucificado. Y los de los pueblos, tribus, lenguas y naciones verán sus cadáveres por tres días y medio, y no permitirán que sean sepultados.
Apocalipsis 11:7-9 RVR1960

Todo esto ocurrirá en Israel y el mundo entero verá sus cuerpos. Esto es posible ahora con la tecnología que tenemos como satélites, internet y teléfonos celulares. El mundo celebrará su muerte porque los atormentaron durante 1,260 días. Pero después de tres días y medio, los Dos Testigos cobrarán vida y ascenderán al cielo en una nube. Creemos que morirán entre la Sexta y la Séptima Trompeta y se levantarán de nuevo el mismo día que suene la Séptima Trompeta.

¿Quiénes son los dos testigos? La Biblia no menciona claramente quiénes son. Pero creemos que son Enoc y Elías porque son los únicos que no murieron.

Y de la manera que está establecido para los hombres que mueran una sola vez, y después de esto el juicio,
Hebreos 9:27 RVR1960

Todos los hombres y mujeres tienen que morir antes de que se acabe el tiempo. Ambos fueron profetas en su tiempo. Jesús dice que Elías volverá (Mateo 17:11) pero la Biblia no dice con certeza sus identidades , así que si ves a dos hombres vestidos de cilicio en Jerusalén predicando y quemando a la gente con el fuego de su boca, sabrás que son ellos. Si ves sus cuerpos acostados durante tres días y medio, lo siento pero tienes la marca de la bestia.

L) Las Siete Trompetas

(Nota para aquellos que se perdieron el Rapto) Quiero comenzar este punto en la Cronología del Fin de los Tiempos con una advertencia muy seria. En este momento de los últimos Siete Años, el Rapto acaba de suceder. A partir de este momento, la Ira del Cordero comenzará y el mundo entero será juzgado, incluidos los nuevos cristianos y los antiguos cristianos carnales.

Si viste todas las señales antes del Rapto dadas en este libro, te lo perdiste. Si ves al Hijo del Hombre en las nubes y no te levantas para encontrarte con Él, te lo perdiste. Si ves a tu familia que eran cristianos, amigos que sabías que eran cristianos, o tal vez miembros de tu Iglesia y simplemente desaparecieron, ¡entonces debes arrepentirte ahora mismo!

Sí, hay salvación en Cristo después del Rapto, pero el tiempo venidero será de tremendo terror y sufrimiento. Mi esperanza es que este libro te encuentre antes de que sea demasiado tarde para prepararte; pero mi oración es que encuentres a Jesús antes de que sea demasiado tarde.

Ahora, las Siete Trompetas son lo que la Biblia llama la Ira del Cordero (Apocalipsis 6:16-17). El Cordero vengará a Su Novia por lo que el mundo le hará.

y decían a los montes y a las peñas: Caed sobre nosotros, y escondednos del rostro de aquel que está sentado sobre el trono, y de la ira del Cordero; porque el gran día de su ira ha llegado; ¿y quién podrá sostenerse en pie?
Apocalipsis 6:16-17 RVR1960

Primera a Tercera Trompetas

El primer ángel tocó la trompeta, y hubo granizo y fuego mezclados con sangre,

que fueron lanzados sobre la tierra; y la tercera parte de los árboles se quemó, y se quemó toda la hierba verde.
Apocalipsis 8:7 RVR1960

El segundo ángel tocó la trompeta, y como una gran montaña ardiendo en fuego fue precipitada en el mar; y la tercera parte del mar se convirtió en sangre. Y murió la tercera parte de los seres vivientes que estaban en el mar, y la tercera parte de las naves fue destruida.
Apocalipsis 8:8-9 RVR1960

El tercer ángel tocó la trompeta, y cayó del cielo una gran estrella, ardiendo como una antorcha, y cayó sobre la tercera parte de los ríos, y sobre las fuentes de las aguas. Y el nombre de la estrella es Ajenjo. Y la tercera parte de las aguas se convirtió en ajenjo; y muchos hombres murieron a causa de esas aguas, porque se hicieron amargas.
Apocalipsis 8:10-11 RVR1960

Creo que estas tres Trompetas traerán destrucción por un solo evento, un Asteroide. Volvamos a Apocalipsis 6 para entender algo.

Y los reyes de la tierra, y los grandes, los ricos, los capitanes, los poderosos, y todo siervo y todo libre, se escondieron en las cuevas y entre las peñas de los montes; y decían a los montes y a las peñas: Caed sobre nosotros, y escondednos del rostro de aquel que está sentado sobre el trono, y de la ira del Cordero; porque el gran día de su ira ha llegado; ¿y quién podrá sostenerse en pie?
Apocalipsis 6:15-17 RVR1960

Se esconden en cuevas y en las rocas porque ven venir algo que les obliga a esconderse. Entienda esto, hay muchos búnkeres subterráneos en todo el mundo construidos desde la Guerra Fría hasta hoy. Muchos más se están construyendo ahora mismo, por lo que este punto tiene mucho sentido.

La destrucción que se menciona no es simbólica, pero realmente sucederá. Solo tómese un momento y busque videos sobre la destrucción que un asteroide puede causar a la Tierra. Estoy bastante seguro de que las naciones tratarán de destruirlo antes de que se acerque demasiado como esa película... Creo que esto lo empeorará, y por eso vendrá como tres olas.

Si te das cuenta, las tres primeras Trompetas afectarán a un tercio de la Tierra. Creo que será el mismo tercio del planeta siendo golpeado tres veces. ¿Qué parte del planeta? No lo sabemos, pero consideremos esto.

Hay un asteroide llamado Apophis que pasará muy cerca de la Tierra en 2029. La NASA predijo originalmente que Apophis golpearía la Tierra, pero ahora, por supuesto, dicen que pasara cerca. Pero necesitamos recordar nuestra historia. Justo en 2020 los "expertos" dijeron muchas cosas sobre lo que pasamos que ahora sabemos que eran mentiras. Mienten para "protegernos", así que, por supuesto, no dirán ahora que un asteroide nos golpeará. Muchos expertos dicen que es demasiado pronto y demasiado lejos para saber de hecho que nos pasara cerca en 2029. Pero también coinciden en que si Apophis nos pasa en 2029 será más probable que nos golpee en 2036. Un ciclo de siete años. Puedes leer más en https://solarsystem.nasa.gov/asteroids-comets-and-meteors/asteroids/apophis/in-depth/

No estoy diciendo que el asteroide Apophis sea el Ajenjo de Apocalipsis 8. NO ESTOY FIJANDO FECHAS, pero esta es una prueba real de que los eventos de las tres primeras Trompetas son posibles sin profundizar demasiado en lo sobrenatural. Esto no es algo de lo que podamos estar seguros, pero definitivamente es una posibilidad.

Nota: Apophis significa dios del caos. Una serpiente demoníaca de la mitología egipcia. Pasará lo más cercano a la Tierra el viernes 13 de abril de 2029 a las 6:00 pm.

La Cuarta Trompeta

El cuarto ángel tocó la trompeta, y fue herida la tercera parte del sol, y la tercera parte de la luna, y la tercera parte de las estrellas, para que se oscureciese la tercera parte de ellos, y no hubiese luz en la tercera parte del día, y asimismo de la noche.
Apocalipsis 8:12 RVR1960

Realmente no podemos explicar qué podría causar este próximo evento, pero debido a que acabamos de demostrar que los primeros tres eventos son naturalmente posibles, no hay razón para creer que este evento será simbólico. Parece que esto afectará a todo el mundo y es diferente de cuando el sol se oscurece y la luna se vuelve como la sangre. O hay algo que hace que el sol, la luna y las estrellas parezcan oscuros desde un tercio de la Tierra o Dios literalmente golpea las tres fuentes de luz y disminuye su luz en un tercio. Si me pides que opine en una opción, mi mejor suposición es: no lo sé.

Si te pierdes el Rapto, creo que te gustaría estar en la tercera parte del mundo que ya fue destruida debido a las últimas tres Trompetas.

Y miré, y oí a un ángel volar por en medio del cielo, diciendo a gran voz: ¡Ay, ay, ay, de los que moran en la tierra, a causa de los otros toques de trompeta que están para sonar los tres ángeles!
Apocalipsis 8:13 RVR1960

La Quinta Trompeta

El quinto ángel tocó la trompeta, y vi una estrella que cayó del cielo a la tierra; y se le dio la llave del pozo del abismo. Y abrió el pozo del abismo, y subió humo del pozo como humo de un gran horno; y se oscureció el sol y el aire por el humo del pozo. Y del humo salieron langostas sobre la tierra; y se les dio poder, como tienen poder los escorpiones de la tierra. Y se les mandó que no dañasen a la hierba de la tierra, ni a cosa verde alguna, ni a ningún árbol, sino solamente a los hombres que no tuviesen el sello de Dios en sus frentes. Y les fue dado, no que los matasen, sino que los atormentasen cinco meses; y su tormento era como tormento

de escorpión cuando hiere al hombre. Y en aquellos días los hombres buscarán la muerte, pero no la hallarán; y ansiarán morir, pero la muerte huirá de ellos.
Apocalipsis 9:1-6 RVR1960

Esta estrella que cae del cielo no es una estrella real o un asteroide. Es un ángel de algún tipo porque los pronombres "a él" y "él". Tendrá la llave del pozo sin fondo en la Tierra y liberará las "langostas" pero no las reales. Creo que son como ángeles que han de atormentar a la gente de la Tierra. Digo ángeles porque tienen un ángel como rey. Recuerda que no todos los ángeles son agradables.

Y tienen por rey sobre ellos al ángel del abismo, cuyo nombre en hebreo es Abadón, y en griego, Apolión.
Apocalipsis 9:11 RVR1960

Lea Apocalipsis 9:1-11 cuidadosamente porque las personas que creen en el Rapto Post-Tribulación creen que los cristianos serán protegidos durante este tiempo. En el versículo 4, dice que a las criaturas se les ordena dañar a aquellos hombres (mujeres incluidas) que no tienen el sello de Dios en sus frentes. Los únicos que tienen el sello de Dios en sus frentes son los 144,000 de las tribus de Israel. También recuerde que la mujer de Apocalipsis 12 (el remanente creyente de Israel) está fuera del resto de la imagen del Fin de los Tiempos. Ella está siendo protegida y sostenida por Dios.

Así que durante cinco meses las langostas "torturarán" a todos los hombres. Permítanme dejar esto claro. No es que todos los hombres serán torturados durante los cinco meses, pero las criaturas tendrán autoridad durante cinco meses. Tal vez algunos sufrirán durante unas semanas y otros durante unos meses, pero todos serán torturados. Tal vez sea como una plaga, o tal vez realmente vean a estas criaturas espirituales moviéndose de casa en casa, pero sean lo que sean, será muy, muy malo.

La Sexta Trompeta

El sexto ángel tocó la trompeta, y oí una voz de entre los cuatro cuernos del altar de oro que estaba delante de Dios, diciendo al sexto ángel que tenía la trompeta:

Desata a los cuatro ángeles que están atados junto al gran río Éufrates. Y fueron desatados los cuatro ángeles que estaban preparados para la hora, día, mes y año, a fin de matar a la tercera parte de los hombres.
Apocalipsis 9:13-15 RVR1960

Esta vez hay cuatro ángeles que se encargarán de matar a un tercio de la humanidad. Estos no son el mismo tipo de ángel al que estamos acostumbrados cuando leemos la Biblia. Están atados en la Tierra en el Éufrates. Estaban preparados para matar y hacer juicios.

No pienses que van a matar a un tercio de las personas que tenemos en el mundo de hoy. Recuerda que antes de llegar a este punto tuvimos grandes guerras, grandes terremotos, hambrunas, pestes, el Rapto y las tres primeras Trompetas. Así que la población es mucho más pequeña en este punto del Fin de los Tiempos.

A continuación, es uno de los eventos del Fin de los Tiempos más malinterpretados.

Y el número de los ejércitos de los jinetes era doscientos millones. Yo oí su número.
Apocalipsis 9:16 RVR1960

La interpretación común de este versículo es que un ejército de 200 millones de soldados rodeará a Israel para atacarlos. Bueno, esto no es nada de eso en absoluto. Dicen que China tiene un ejército que es tan grande, o tal vez Rusia. Entretengámonos por un momento en esa mala interpretación. Sí, el ejército de China puede ser tan grande y tal vez el ejército de Rusia también. Pero una vez más, esos ejércitos serán golpeados muy duramente por las grandes guerras, los grandes terremotos, las hambrunas, las pestes, el Rapto y las aguas amargas. Entonces sus ejércitos no serán tan grandes.

También Juan vio caballos, no criaturas como caballos. Estoy bastante seguro de que él sabía cómo era un caballo, pero esos caballos tienen cabezas como leones y colas como serpientes. Cada uno de los jinetes tiene su propio caballo. No hay 200 millones de caballos en el mundo hoy, y mucho menos en ese momento del Fin de los Tiempos.

Y la idea de que un ejército de 200 millones de hombres cruzará de China a Israel a pie, perdón a caballo, es bastante loca. Pero más loco que eso, es que este ejército podría matar a un tercio de la humanidad de donde están reunidos en Israel con fuego, humo y azufre que está saliendo de las bocas de esos caballos.

Los ángeles que son liberados tienen un ejército de ángeles con ellos. El texto no dice que vinieron de una tierra extranjera, por lo que los 200 millones de jinetes son las fuerzas espirituales comandadas por los primeros cuatro ángeles.

Además, los cuatro ángeles están liderando este gran ejército para matar a la gente con plagas.

Por estas tres plagas fue muerta la tercera parte de los hombres; por el fuego, el humo y el azufre que salían de su boca. Pues el poder de los caballos estaba en su boca y en sus colas; porque sus colas, semejantes a serpientes, tenían cabezas, y con ellas dañaban.
Apocalipsis 9:18-19 RVR1960

Su poder está en su boca y sus colas, colas como una serpiente. Estas pueden ser criaturas que fueron creadas para esta tarea específica. La Biblia no dice si esos son ángeles malos o buenos, así que no lo sabemos. Algunos creen que son ángeles caídos, pero de nuevo no lo sabemos. Traerán plagas de fuego, humo y azufre. Eso es todo lo que sabemos sobre ellos.

Escucha lo que Joel describe:

Día de tinieblas y de oscuridad, día de nube y de sombra; como sobre los montes se extiende el alba, así vendrá un pueblo grande y fuerte; semejante a él no lo hubo jamás, ni después de él lo habrá en años de muchas generaciones. Delante de él consumirá fuego, tras de él abrasará llama; como el huerto de Edén será la tierra delante de él, y detrás de él como desierto asolado; ni tampoco habrá quien de él escape. Su aspecto, como aspecto de caballos, y como gente de a caballo correrán. Como estruendo de carros saltarán sobre las cumbres de los montes; como sonido de llama de fuego que consume hojarascas, como pueblo fuerte dispuesto para la batalla. Delante de él temerán los pueblos; se pondrán pálidos todos los semblantes. Como valientes correrán, como hombres de guerra subirán el muro;

cada cual marchará por su camino, y no torcerá su rumbo. Ninguno estrechará a su compañero, cada uno irá por su carrera; y aun cayendo sobre la espada no se herirán. Irán por la ciudad, correrán por el muro, subirán por las casas, entrarán por las ventanas a manera de ladrones.
Joel 2:2-9 RVR1960

Esto suena muy similar al ejército de 200,000,000 descrito anteriormente. La gente se retuerces de dolor antes de venir este ejército y hay oscuridad y tristeza como cuando el humo del pozo oscurece el cielo (Trompeta 5) y destruyen con fuego. Tenga en cuenta que se lanzan entre las armas y no se cortan. Esto significa que no pueden ser solo simbólicos.

Y finalmente, Dios me dejó boquiabierto cuando me trajo este versículo. Para aquellos que todavía no creen que Juan está viendo en el mundo espiritual, lean esto.

Y oró Eliseo, y dijo: Te ruego, oh Jehová, que abras sus ojos para que vea. Entonces Jehová abrió los ojos del criado, y miró; y he aquí que el monte estaba lleno de gente de a caballo, y de carros de fuego alrededor de Eliseo.
2 Reyes 6:17 RVR1960

¡Eliseo y el joven vieron un ejército que llenó la montaña con gente a caballo y carros de fuego! Juan estaba viendo en el mundo espiritual, no en el físico en este momento. Sin embargo, recuerde que los seres espirituales pueden actuar en el reino físico. Recuerda a los ángeles que estaban en Sodoma y Gomorra... físicamente llevaron a Lot a la casa y cegaron a los hombres malvados. Así que no empieces a pensar que lo que se está describiendo no sucederá físicamente solo porque tiene una causa espiritual.

Ahora, un tercio de la humanidad fue asesinada en esta trompeta, y creo que este es el final de todos los cristianos que quedaron posteriores al Rapto, debido al siguiente versículo.

Y los otros hombres que no fueron muertos con estas plagas, ni aun así se arrepintieron de las obras de sus manos, ni dejaron de adorar a los demonios, y a las imágenes de oro, de plata, de bronce, de piedra y de madera, las cuales no

pueden ver, ni oír, ni andar; y no se arrepintieron de sus homicidios, ni de sus hechicerías, ni de su fornicación, ni de sus hurtos.
Apocalipsis 9:20-21 RVR1960

El resto de la humanidad, los que sobrevivieron, no se arrepintieron. Así que ahora el mundo está lleno de malvados, sexualmente inmorales, ladrones y adoradores de demonios. Están a punto de sentir el peso de la Ira de Dios. Y sí, se pone mucho peor.

Nota:
La Sexta Trompeta termina con la resurrección y ascensión de Los Dos Testigos.

El ángel poderoso con un pequeño libro

Esto es muy importante de entender. Todo esto está sucediendo en el espíritu. Pero este capítulo es clave para entender que el tiempo de los últimos Siete Años, o la Septuagésima Semana de Daniel, y el Tiempo de los Gentiles está a punto de terminar.

Vi descender del cielo a otro ángel fuerte, envuelto en una nube, con el arco iris sobre su cabeza; y su rostro era como el sol, y sus pies como columnas de fuego. Tenía en su mano un librito abierto; y puso su pie derecho sobre el mar, y el izquierdo sobre la tierra; y clamó a gran voz, como ruge un león; y cuando hubo clamado, siete truenos emitieron sus voces. Cuando los siete truenos hubieron emitido sus voces, yo iba a escribir; pero oí una voz del cielo que me decía: Sella las cosas que los siete truenos han dicho, y no las escribas. Y el ángel que vi en pie sobre el mar y sobre la tierra, levantó su mano al cielo, y juró por el que vive por los siglos de los siglos, que creó el cielo y las cosas que están en él, y la tierra y las cosas que están en ella, y el mar y las cosas que están en él, que el tiempo no sería más, sino que en los días de la voz del séptimo ángel, cuando él comience a tocar la trompeta, el misterio de Dios se consumará, como él lo anunció a sus siervos los profetas.
Apocalipsis 10:1-7 RVR1960

Es bueno señalar que todo esto está sucediendo justo antes de que suene la última trompeta. Este poderoso ángel, uno de quien no podemos estar seguros de su identidad, baja del cielo. Algunas personas creen que él mismo puede ser Jesús porque la descripción dada en Apocalipsis 10 es muy similar a Ezequiel 1:26. Lo importante es la proclamación que hace este ángel.

y juró por el que vive por los siglos de los siglos, que creó el cielo y las cosas que están en él, y la tierra y las cosas que están en ella, y el mar y las cosas que están en él, que el tiempo no sería más, sino que en los días de la voz del séptimo ángel, cuando él comience a tocar la trompeta, el misterio de Dios se consumará, como él lo anunció a sus siervos los profetas.
Apocalipsis 10:6-7 RVR1960

¡Este ángel juró por Dios! Eso es un gran asunto. ¡Juró que al sonido de la Séptima Trompeta se acabaría el misterio de Dios! Se acabó. El tiempo de este mundo llegará a su fin. ¿Cómo lo sabemos? Se revela en la Séptima Trompeta.

La Séptima Trompeta

El séptimo ángel tocó la trompeta, y hubo grandes voces en el cielo, que decían: Los reinos del mundo han venido a ser de nuestro Señor y de su Cristo; y él reinará por los siglos de los siglos.
Apocalipsis 11:15 RVR1960

¡Los reinos de este mundo son ahora los reinos de Dios! El tiempo de los gentiles ha terminado. Los últimos siete años han terminado. Ahora Jesús es el Rey de este mundo y pronto regresará para establecer Su reino y limpiar el desorden y el mal que queda. Esta es una gran celebración en el cielo debido a que Dios recuperó Su reino. ¡Están teniendo una fiesta en el cielo!

Y los veinticuatro ancianos que estaban sentados delante de Dios en sus tronos, se postraron sobre sus rostros, y adoraron a Dios, diciendo: Te damos gracias, Señor Dios Todopoderoso, el que eres y que eras y que has de venir, porque has tomado tu gran poder, y has reinado. Y se airaron las naciones, y tu ira ha venido, y el tiempo de juzgar a los muertos, y de dar el galardón a tus siervos los profetas, a los santos, y a los que temen tu nombre, a los pequeños y a los grandes, y de destruir a los que destruyen la tierra. Y el templo de Dios fue abierto en el cielo, y

el arca de su pacto se veía en el templo. Y hubo relámpagos, voces, truenos, un terremoto y grande granizo.
Apocalipsis 11:16-19 RVR1960

Ahora lo peor de la Ira de Dios será derramada y los santos serán recompensados. En nuestra Cronología del Fin de los Tiempos, desde este momento hasta que Jesús regrese serán 30 días.

M) Las Siete Copas de la Ira de Dios

Vi en el cielo otra señal, grande y admirable: siete ángeles que tenían las siete plagas postreras; porque en ellas se consumaba la ira de Dios. Vi también como un mar de vidrio mezclado con fuego; y a los que habían alcanzado la victoria sobre la bestia y su imagen, y su marca y el número de su nombre, en pie sobre el mar de vidrio, con las arpas de Dios.
Apocalipsis 15:1-2 RVR1960

El apóstol Juan vio esto antes de que la Ira de Dios fuera derramada. Estos grupos de personas son los que mueren durante el tiempo de las Siete Trompetas. Tienen la victoria sobre la bestia, lo que significa que eligieron morir antes de adorarlo o tomar su marca. No hay un segundo Rapto. Todos los que se quedaron atrás después del Sexto Sello y se salvaron después, tuvieron que morir antes de este tiempo. En este punto estamos seguros de que no quedan cristianos excepto los 144,000 y el remanente de Israel (La mujer sustentada).

Oí una gran voz que decía desde el templo a los siete ángeles: Id y derramad sobre la tierra las siete copas de la ira de Dios.
Apocalipsis 16:1 RVR1960

La Primera Copa

Fue el primero, y derramó su copa sobre la tierra, y vino una úlcera maligna y pestilente sobre los hombres que tenían la marca de la bestia, y que adoraban su imagen.
Apocalipsis 16:2 RVR1960

Esto se explica por sí mismo.

La Segunda Copa

El segundo ángel derramó su copa sobre el mar, y éste se convirtió en sangre como de muerto; y murió todo ser vivo que había en el mar.
Apocalipsis 16:3 RVR1960

Esta vez Dios no está afectando las aguas solamente, sino matando a cada criatura que está en el agua.

La Tercera Copa

El tercer ángel derramó su copa sobre los ríos, y sobre las fuentes de las aguas, y se convirtieron en sangre. Y oí al ángel de las aguas, que decía: Justo eres tú, oh Señor, el que eres y que eras, el Santo, porque has juzgado estas cosas. Por cuanto derramaron la sangre de los santos y de los profetas, también tú les has dado a beber sangre; pues lo merecen.
Apocalipsis 16:4-6 RVR1960

Ahora toda el agua estará contaminada y de aquí en adelante la humanidad no durará mucho tiempo debido a la falta de agua limpia. Esto encaja en los últimos 30 días de nuestra Cronología del Fin de los Tiempos.

La Cuarta Copa

El cuarto ángel derramó su copa sobre el sol, al cual fue dado quemar a los hombres con fuego. Y los hombres se quemaron con el gran calor, y blasfemaron el nombre de Dios, que tiene poder sobre estas plagas, y no se arrepintieron para darle gloria.
Apocalipsis 16:8-9 RVR1960

Esta es otra razón por la que dije que nadie se salvará en este período. Este ángel causará algo así como una tormenta solar que creará erupciones solares y causará un gran calor. Pero como Faraón se negó a arrepentirse en los tiempos de Moisés, ¡estas personas no se arrepienten!

La Quinta Copa

El quinto ángel derramó su copa sobre el trono de la bestia; y su reino se cubrió de tinieblas, y mordían de dolor sus lenguas, y blasfemaron contra el Dios del cielo por sus dolores y por sus úlceras, y no se arrepintieron de sus obras.
Apocalipsis 16:10-11 RVR1960

¡Una vez más se negaron a arrepentirse! Creo que todavía tendrían la oportunidad de arrepentirse si estuvieran dispuestos. Por eso se vuelve a mencionar. Hombre, yo clamo a Dios cuando tengo dolor de vientre; No puedo imaginar pasar por todo ese sufrimiento y seguir negándome a reconocerlo.

La Sexta Copa

El sexto ángel derramó su copa sobre el gran río Éufrates; y el agua de éste se secó, para que estuviese preparado el camino a los reyes del oriente. Y vi salir de la boca del dragón, y de la boca de la bestia, y de la boca del falso profeta, tres espíritus inmundos a manera de ranas; pues son espíritus de demonios, que hacen señales, y van a los reyes de la tierra en todo el mundo, para reunirlos a la batalla de aquel gran día del Dios Todopoderoso.
Apocalipsis 16:12-14 RVR1960

Ahora, Dios liberó a tres demonios que saldrán a reunir a todos los reyes de la Tierra. Engañarán con señales y los convencerán de luchar contra Dios Todopoderoso en Armagedón.

Y los reunió en el lugar que en hebreo se llama Armagedón.
Apocalipsis 16:16 RVR1960

Esta batalla de Armagedón también ha sido sacada de contexto. Esta batalla será al final de los últimos 30 días. No van a atacar a Israel como se cree comúnmente. Las Escrituras dicen muy claramente eso;

- Dios liberó a los demonios para que pudieran reunir a las naciones para luchar contra Él para que fueran juzgados. (Por favor lea Joel 3)

Despiértense las naciones, y suban al valle de Josafat; porque allí me sentaré para juzgar a todas las naciones de alrededor.
Joel 3:12 RVR1960

Se reúnen para luchar contra Jesús, no contra Israel.

Y vi a la bestia, a los reyes de la tierra y a sus ejércitos, reunidos para guerrear contra el que montaba el caballo, y contra su ejército.
Apocalipsis 19:19 RVR1960

 Nota: Jesús aún no ha venido como ladrón. Recuerda que cuando Él viene como un ladrón no está hablando del Rapto sino del juicio. Es en este punto que Él dice:

He aquí, yo vengo como ladrón. Bienaventurado el que vela, y guarda sus ropas, para que no ande desnudo, y vean su vergüenza.
Apocalipsis 16:15 RVR1960

La Séptima Copa

El séptimo ángel derramó su copa por el aire; y salió una gran voz del templo del cielo, del trono, diciendo: Hecho está. Entonces hubo relámpagos y voces y truenos, y un gran temblor de tierra, un terremoto tan grande, cual no lo hubo jamás desde que los hombres han estado sobre la tierra. Y la gran ciudad fue dividida en tres partes, y las ciudades de las naciones cayeron; y la gran Babilonia vino en memoria delante de Dios, para darle el cáliz del vino del ardor de su ira.
Apocalipsis 16:17-19 RVR1960

¡La Ira de Dios ha terminado! Dios terminará con Babilonia en la última Trompeta. El terremoto más grande que jamás haya ocurrido en toda la historia del mundo ocurrirá ese día. No vamos a entrar en quién es la Misteriosa Babilonia. A pesar de que es un tema muy interesante, creo que es irrelevante para este libro. Puedes leer Apocalipsis 17 y 18.

Y cayó del cielo sobre los hombres un enorme granizo como del peso de un talento; y los hombres blasfemaron contra Dios por la plaga del granizo; porque su plaga fue sobremanera grande.
Apocalipsis 16:21 RVR1960

Una vez más la gente no se arrepintió, sino que blasfemó contra Dios de nuevo. Dios es justo y el juicio que Él está trayendo al mundo es un juicio justo.

Ahora en el cielo hay una gran multitud de santos celebrando y regocijándose en el Señor. ¡Ha llegado nuestro momento!

Y oí como la voz de una gran multitud, como el estruendo de muchas aguas, y como la voz de grandes truenos, que decía: ¡Aleluya, porque el Señor nuestro Dios Todopoderoso reina! Gocémonos y alegrémonos y démosle gloria; porque han llegado las bodas del Cordero, y su esposa se ha preparado. Y a ella se le ha concedido que se vista de lino fino, limpio y resplandeciente; porque el lino fino es las acciones justas de los santos. Y el ángel me dijo: Escribe: Bienaventurados los que son llamados a la cena de las bodas del Cordero. Y me dijo: Éstas son palabras verdaderas de Dios.
Apocalipsis 19:6-9 RVR1960

La Segunda Venida

Entonces vi el cielo abierto; y he aquí un caballo blanco, y el que lo montaba se llamaba Fiel y Verdadero, y con justicia juzga y pelea.
Apocalipsis 19:11 RVR1960

Jesús regresará a la Tierra en un caballo blanco y nosotros volveremos con Él. La hora de Su llegada será al final de los 30 días adicionales en la Cronología del Fin de los Tiempos. Él no viene pacíficamente, el juicio todavía está sucediendo.

De su boca sale una espada aguda, para herir con ella a las naciones, y él las regirá con vara de hierro; y él pisa el lagar del vino del furor y de la ira del Dios Todopoderoso.
Apocalipsis 19:15 RVR1960

La batalla de Armagedón se desarrollará y nosotros, la Iglesia, no tendremos que hacer nada en absoluto. Jesús destruirá los ejércitos del mundo por Su Palabra. Esta será la Cosecha de las Uvas de la Ira de Apocalipsis 14.

Y vi a la bestia, a los reyes de la tierra y a sus ejércitos, reunidos para guerrear contra el que montaba el caballo, y contra su ejército. Y la bestia fue apresada, y con ella el falso profeta que había hecho delante de ella las señales con las cuales había engañado a los que recibieron la marca de la bestia, y habían adorado su imagen. Estos dos fueron lanzados vivos dentro de un lago de fuego que arde con azufre.
Apocalipsis 19:19-20 RVR1960

Como dije antes, la batalla de Armagedón es de todas las naciones contra Jesús. Suena como una gran guerra y una gran lucha para ambos bandos, pero no será nada de eso. Será como un hombre de 6'5" 220 libras contra una colonia de hormigas. El anticristo y el falso profeta serán arrojados vivos al lago de fuego. Son los primeros en ser arrojados a ese lugar de tormento pero no son los únicos.

Satanás es Encadenado

Vi a un ángel que descendía del cielo, con la llave del abismo, y una gran cadena en la mano. Y prendió al dragón, la serpiente antigua, que es el diablo y Satanás, y lo ató por mil años; y lo arrojó al abismo, y lo encerró, y puso su sello sobre él, para que no engañase más a las naciones, hasta que fuesen cumplidos mil años; y después de esto debe ser desatado por un poco de tiempo.
Apocalipsis 20:1-3 RVR1960

Creemos que en el mismo día en que Jesús regrese, el diablo será atado y encadenado por mil años. No podrá engañar a la gente del mundo durante ese período de tiempo.

El Milenio

Y vi tronos, y se sentaron sobre ellos los que recibieron facultad de juzgar; y vi las almas de los decapitados por causa del testimonio de Jesús y por la palabra de

Dios, los que no habían adorado a la bestia ni a su imagen, y que no recibieron la marca en sus frentes ni en sus manos; y vivieron y reinaron con Cristo mil años. Apocalipsis 20:4 RVR1960

El reinado del milenio no comenzará hasta que se completen los 45 días adicionales y aquí está el por qué. El diablo estará atado por mil años y Jesús reinará por mil años también. Pero los mil años del diablo terminan antes de los mil años de Jesús.

Cuando los mil años se cumplan, Satanás será suelto de su prisión, y saldrá a engañar a las naciones que están en los cuatro ángulos de la tierra, a Gog y a Magog, a fin de reunirlos para la batalla; el número de los cuales es como la arena del mar. Y subieron sobre la anchura de la tierra, y rodearon el campamento de los santos y la ciudad amada; y de Dios descendió fuego del cielo, y los consumió.

Apocalipsis 20:7-9 RVR1960

La única forma en que la Cronología de Fin de Tiempos hace sentido es que el diablo está atado días antes de que comience el reinado del milenio. Así que es liberado días antes de que termine el reinado del milenio. Satanás necesitará unos días para engañar a la gente de todas las naciones para luchar de nuevo contra Jesús (estúpido de ellos por escucharlo, ¿verdad?). Suficientes personas para formar un ejército cuyo número es como la arena del mar piensan que pueden luchar contra Jesús y ganar. Tomará tiempo reunirlos. Hay 45 días desde que el diablo está atado hasta que el templo es limpiado y en Daniel dice que el que llegue a los 1,335 días será bendecido. Tenemos 45 días adicionales aquí desde Su regreso; así que creemos que habrá 45 días entre el diablo atado y el comienzo del milenio y 45 días entre el diablo siendo liberado y el final del milenio.

ESTAMOS CORTOS DE ÚLTIMOS TIEMPOS

Cortos de Tiempo para Preparar

C reo que este es el capítulo más importante de este libro. No importa si el Rapto será antes, en medio o al final de la Tribulación, debemos prepararnos para ello. Muchas personas creen que los cristianos no deben prepararse para el Fin de los Tiempos. Pero están muy equivocados. Antes de hablar de preparación, primero establezcamos las razones por las que debemos prepararnos.

Seremos perseguidos durante el Fin de los Tiempos, el hambre, la peste y los desastres naturales serán grandes en esos días. Prepararse para esos eventos le dará una ventaja sobre el resto del mundo. Pero la razón para prepararse no es sobrevivir hasta el Rapto escondido en el bosque, o en un búnker secreto. La única razón por la que queremos mantenernos vivos en esos días, es para guiar a las personas a Cristo. La salvación debe ser lo que está en tu mente cuando te preparas. Prefiero morir temprano en la Tribulación predicando el Evangelio que sobrevivir tres años y medio escondiéndome en algún lugar y sin hacer nada.

Escuché a alguien decir que está bien prepararse para los desastres naturales, pero no para el fin de los tiempos. Bueno, eso no tiene sentido en absoluto porque lo que conducirá a los últimos siete años serán desastres naturales. Los grandes terremotos, las hambrunas y la pestilencia serán solo el comienzo.

¿Por qué Jesús enseñó acerca del Fin de los Tiempos y nos dio el libro de Apocalipsis? ¿Por qué la Biblia está llena de profecías y enseñanzas acerca de los Últimos Días? ¡Para que nos preparemos!

Una de las principales críticas a los cristianos que se preparan para el Fin de los Tiempos es que muestra "falta de fe". Pero tenemos que creer en la Palabra de Dios y aplicarla a todo lo que vivimos o hacemos. Prepararse no es falta de fe, sino actuar con fe. Les daré algunos ejemplos.

José interpretó los sueños de Faraón. Siete años de abundancia seguidos de siete años de carencia. ¿Le faltó fe a José cuando sugirió que deberían prepararse para los malos tiempos durante los buenos tiempos? No. Eso fue sabiduría. Si sabes de antemano que vienen malos tiempos sería una tontería no prepararte.

El avisado ve el mal y se esconde; Mas los simples pasan y reciben el daño. Proverbios 22:3 RVR1960

Muchas personas creen que los cristianos serán provistos por Dios. Piensan que Él les dará comida y todo lo que necesitan durante la Tribulación, como lo hizo con Elías. Como ya vimos en capítulos anteriores, no hay ningún versículo que diga que Dios protegerá a la Iglesia de la Tribulación, excepto los 144,000 sellados y la mujer sustentada. Además, si usamos esa lógica, entonces estamos en problemas, porque entre millones de personas durante el tiempo de hambruna de Elías, él fue el único en recibir provisiones de Dios, y más tarde la mujer viuda que lo ayudó.

La razón para que Dios te muestre lo que viene es para que te prepares. Así que si lo crees y actúas en consecuencia, eso es fe.

Y levantándose uno de ellos, llamado Agabo, daba a entender por el Espíritu, que vendría una gran hambre en toda la tierra habitada; la cual sucedió en tiempo de Claudio. Entonces los discípulos, cada uno conforme a lo que tenía, determinaron enviar socorro a los hermanos que habitaban en Judea; Hechos 11:28-29 RVR1960

Un verdadero profeta se puso de pie y profetizó una "gran hambruna" en todo el mundo. ¿Qué hicieron los discípulos? De acuerdo con las personas anti-preparación, se suponía que solo creyeran que Dios proveería. Pero no. Eran las personas más cercanas a Jesús en la historia de la Iglesia y sabían más sobre la fe que cualquiera de nosotros hoy. Enviaron alivio a la Iglesia en Judea antes de la hambruna, eso es prepararse, y eso es lo que les pido que hagan. Pero no estoy hablando solo de preparar alimentos y suministros, sino mucho más que eso.

Entrene a su gente

Uno de los fracasos de la Iglesia que se mostró en el año 2020 fue la falta de discipulado. Hemos hecho que la Iglesia dependa tanto del pastor y de los servicios. Muchos pastores estaban enojados durante los confinamientos porque no podían tener reuniones en el edificio de la Iglesia. Ellos creen que la salvación de los creyentes depende del pastor o de la reunión. Fue frustrante para mí ver eso. "La gente necesita ser salvada", dijeron.

Se supone que las personas no deben ser salvadas en la Iglesia, se supone que deben ir a la Iglesia después de ser salvas. Cada cristiano debe estar haciendo discípulos. Pero no estamos haciendo discípulos de nuestro pueblo y eso debe cambiar ahora. Si usted es un pastor, o líder en la Iglesia, y no ha entrenado a su gente para hacer lo mismo que usted, está fallando. ¡Jesús no nos llamó a llenar edificios de gente, sino a hacer discípulos!

Por tanto, id, y haced discípulos a todas las naciones, bautizándolos en el nombre del Padre, y del Hijo, y del Espíritu Santo;
S. Mateo 28:19 RVR1960

Jesús hizo discípulos, y les ordenó que hicieran discípulos, y a esos nuevos discípulos se les ordena hacer discípulos. ¡No seguidores sino discípulos! Eso significa que todos debemos hacer lo mismo que los Apóstoles hicieron.

Si eres un cristiano nacido de nuevo, tienes la autoridad para guiar a las personas a Cristo y bautizarlas. No importa si usted tiene una posición de liderazgo en su Iglesia, no importa cuánto tiempo ha sido salvado. No importa cuán indigno te sientas, o cuán poco preparado te sientas, puedes, y debes guiar a las personas a Cristo y bautizarlas. También de preparar la Santa Cena en los hogares

Estamos hablando del Fin de los Tiempos, la persecución no nos permitirá reunirnos en los edificios de la Iglesia. Todos tenemos que saber cómo hacer discípulos. Predicar el evangelio, guiar a la gente a Cristo y bautizar es para cada creyente. Además, todos nosotros, como cristianos, tenemos la autoridad de orar por sanidad, liberación y por cualquier necesidad. No más llevar peticiones de oración a la Iglesia de familiares y vecinos. Ora por ellos en el acto cuando te piden oración, y cada vez que te sientes guiado a orar por ellos.

Entonces Felipe, descendiendo a la ciudad de Samaria, les predicaba a Cristo. Y la gente, unánime, escuchaba atentamente las cosas que decía Felipe, oyendo y viendo las señales que hacía. Porque de muchos que tenían espíritus inmundos, salían éstos dando grandes voces; y muchos paralíticos y cojos eran sanados; así que había gran gozo en aquella ciudad.
Hechos 8:5-8 RVR1960

Felipe fue a Samaria solo y toda la ciudad vino a Cristo. Se necesitó solo un hombre para predicar, sanar, echar demonios y bautizar a toda una ciudad. Este hombre no era un apóstol ni un anciano o un pastor. Él era sólo alguien que servía comida a las personas necesitadas. Era diácono. Y en los tiempos de los Apóstoles un diácono no era lo que hoy conocemos como diácono. Su único deber era servir comida.

Felipe no actuó con poder y autoridad porque era un "diácono", sino porque ya estaba actuando en el poder del Espíritu Santo, fue elegido para ser diácono.

En aquellos días, como creciera el número de los discípulos, hubo murmuración de los griegos contra los hebreos, de que las viudas de aquéllos eran desatendidas en la distribución diaria. Entonces los doce convocaron a la multitud de los discípulos, y dijeron: No es justo que nosotros dejemos la palabra de Dios, para servir a las mesas. Buscad, pues, hermanos, de entre vosotros a siete varones de buen testimonio, llenos del Espíritu Santo y de sabiduría, a quienes encarguemos de este trabajo.
Hechos 6:1-3 RVR1960

Felipe y Esteban hicieron grandes cosas por el Señor, pero eran "sólo" trabajadores de la despensa de alimentos. Eso es para mostrarles que TODOS debemos actuar en el poder, la sabiduría y la autoridad del Espíritu Santo. No es el trabajo del pastor guiar a la gente a Cristo, es el trabajo de todo los cristianos llevar a la gente a Cristo y bautizarlos. Lo primero que tenemos que hacer para prepararnos es entrenar a nuestra gente, y convertirlas en discípulos capaces de reproducirse por sí mismos. Recuerde que el propósito de prepararse es salvar a las personas para Cristo.

Crear grupos de casas/células

Esto es algo que todas las Iglesias deberían estar haciendo todo el tiempo. Dividir a la congregación en pequeños grupos en el hogar hará que la Iglesia sea más fuerte. Pero en tiempos de persecución tenemos que encontrarnos en hogares como lo hizo la Iglesia primitiva.

Si usted es pastor, comience a desarrollar personas para dirigir estos grupos en el hogar. Si usted no es un pastor o líder, pregúntele a su liderazgo local de la Iglesia, si no quieren hacerlo, entonces debe hacerlo por su cuenta.

Este grupo no tiene que ser de la misma Iglesia o denominación. Pueden ser personas que conoces del trabajo, la escuela o tu propia familia. Visité una gran iglesia en Miami y me sorprendió el hecho de que el 70% de los nuevos miembros o visitantes provenían de grupos en el hogar. Llegaron a la Iglesia ya salvados. Ese es un buen ejemplo de discipulado.

Solía ser parte de una Iglesia con un maravilloso programa de grupos en el hogar. Nos reuníamos todos los miércoles en uno de los grupos que estaban disponibles. El líder del grupo organiza la reunión en su casa y otros miembros participan en la reunión.

La Iglesia debe tener una lista de todos los grupos disponibles para la congregación. (En tiempos de persecución todas las listas deben ser destruidas). Será bueno permitir que las personas decidan a qué grupo se unen y lo hagan por ciclos. Por ejemplo, las reuniones en el hogar pueden comenzar de enero a abril. Puedes unirte a un grupo y tienes que permanecer en ese grupo todos esos meses. El nuevo ciclo comienza de septiembre a diciembre y puedes unirte a un nuevo grupo o puedes volver al mismo. En los meses de verano la Iglesia puede reunirse en el edificio para dar descansos a los líderes de los grupos.

El programa de grupos en el hogar de la Iglesia local debe ser supervisado por el liderazgo de la Iglesia. Esto asegurará que no habrá falsas doctrinas, espíritus pecaminosos o divisiones en esas reuniones. Una vez más, si su Iglesia local no quiere hacer grupos en el hogar, usted tendrá que comenzar uno.

Sería tonto quedar atrapado durante la persecución teniendo reuniones en el edificio de la Iglesia. La Iglesia primitiva celebraba reuniones en casas.

Y perseverando unánimes cada día en el templo, y partiendo el pan en las casas, comían juntos con alegría y sencillez de corazón,
Hechos 2:46 RVR1960

No dejes que nadie te engañe, no necesitamos un edificio de la Iglesia para tener Iglesia. Todo lo que necesitamos son dos o tres reunidos en el nombre de Jesús. Es bueno tener una gran congregación y todo eso, pero el tamaño de la Iglesia o el edificio no la convierten en una Iglesia.

Espero que después de 2020 el cuerpo de Cristo haya aprendido que necesitamos discipular a nuestro pueblo y no depender del pastor. El mayor fracaso que un pastor puede tener, es una Iglesia que depende de él para buscar a Dios. Nadie que esté bien entrenado en la Iglesia debe alejarse de la fe al no ir al edificio de la Iglesia el domingo.

Ahora, durante la persecución tenemos que tener cuidado de a quién dejamos entrar. Necesitamos tener el don de discernimiento para saber quién es para nosotros y quién no. Pero cometeremos errores. Nunca dejes que los sentimientos guíen tus decisiones. Nuestra propia familia puede ser la que nos traicione y nos entregue a los que nos persiguen. Es posible que tengamos que arriesgarnos con alguien que puede terminar siendo un hermano falso. Necesitamos sabiduría, no sabiduría humana sino el Don del Espíritu Santo.

Mas seréis entregados aun por vuestros padres, y hermanos, y parientes, y amigos; y matarán a algunos de vosotros;
S. Lucas 21:16 RVR1960

Tenemos que saber orar por los enfermos, cómo bautizar, cómo hacer una pequeña predicación o un estudio bíblico. Así es como se hace en muchos países que están persiguiendo a los cristianos hoy en día. Si no eres un predicador o un maestro, está bien, simplemente abre la Biblia y léela. Hable acerca de las Escrituras que lea y hable de lo que significa el texto y de cómo aplicarlo a su vida. No tienes que estar predicando en la reunión. Puedes leer la Biblia, orar y adorar. Pero debemos tener un lugar para reunirnos como Iglesia y alcanzar a los perdidos.

CÓMO SER SALVOS

Si está leyendo este libro después del Rapto y no hay cristianos que le digan cómo ser salvo, esta sección es para usted. Si desea presentar el Evangelio a sus amigos y familiares para que no se queden atrás, puede usar esta información para ayudarlos a comprender lo que deben hacer para ser salvos.

La salvación que Jesús ofrece es completamente gratis, no es por obras que la obtenemos, no se puede comprar. Adán hizo que toda la humanidad cayera por su desobediencia, queriendo tomar lo que no podía y causó la maldición sobre toda la tierra. Pero Jesús vino y nos dio gratuitamente lo que no podíamos tener, su salvación y vida eterna.

"Jesús le dijo: Yo soy el camino, y la verdad, y la vida; nadie viene al Padre, sino por mí."
S. Juan 14:6 RVR1960

La salvación proviene del sacrificio que Jesús hizo por nuestros pecados y no hay otra manera de ser salvos. No hay otro camino o atajo, sólo Jesús. Ninguna otra religión nos puede salvar, no importa que tan bonita suene. No hay filosofía que nos lleve al Padre, sólo Jesús puede.

Cristo es la única puerta al cielo y el rechazarlo te llevará a la puerta del infierno. Y añadiendo, sólo hay dos lugares en los cuales podemos escoger pasar nuestra eternidad. No hay un tercer lugar en el cual podamos aprender y aceptar a Jesús después de muertos. No es una enseñanza bíblica que hay un purgatorio sino algo que una religión se inventó pero lo que trae es engaño.

"Y de la manera que está establecido para los hombres que mueran una sola vez, y después de esto el juicio,"
Hebreos 9:27 RVR1960

Todos estaremos en la presencia de Dios en el instante en que morimos. La decisión de seguir a Cristo la tenemos que tomar cuando estamos vivos de otra manera sería muy tarde.

"sabiendo que el hombre no es justificado por las obras de la ley, sino por la fe de Jesucristo, nosotros también hemos creído en Jesucristo, para ser justificados por la fe de Cristo y no por las obras de la ley, por cuanto por las obras de la ley nadie

será justificado."
Gálatas 2:16 RVR1960

Ninguna buena obra nos da el derecho de ser salvos, no importa que tanto des a los pobres o sirvas a los demás. No importa cuántos rituales religiosos realices durante el año (especialmente los que no están en la Biblia). Nunca podremos ganar la salvación por nuestros méritos, aunque si es bueno ayudar a los demás y dar a los pobres, eso debería ser el resultado del amor de Dios fluyendo de nosotros porque ya somos salvo y no para ser salvo. Las buenas obras son el fruto de nuestra conversión y no al revés.

Todos los seres humanos fuimos creados a la imagen de Dios y tenemos atributos similares a los de Dios, pero somos nacidos en pecado y no podemos pagar por ellos por nuestras propias fuerzas.

¿Quiénes tienen que ser salvos?

"por cuanto todos pecaron, y están destituidos de la gloria de Dios,"
Romanos 3:23 RVR1960

La Biblia nos enseña que todos pecaron, eso me incluye a mí y te incluye a ti, "todos" en el griego original significa "todos" así que no pienses que no estás incluido, todos necesitamos ser salvados por la Sangre del Cordero. No importa que tan buena persona creas que seas, comparados con Dios somos maliciosos. El único bueno fue el que vino a esta tierra y no pecó ni una sola vez, Jesús.

"Todos se desviaron, a una se han corrompido; No hay quien haga lo bueno, no hay ni siquiera uno."
Salmos 14:3 RVR1960

Ahora, si eso es así, que no hay ni uno que es "bueno" ¿cuál sería nuestro destino final? Dios rechaza el pecado que está en nosotros y no traerá en su presencia a personas que están llenas de pecados. Pero Él no deja de amar al pecador y es algo que tenemos que tener claro pero sin sacarlo de contexto, Dios ama al pecador pero por causa de su pecado está obligado a rechazarlo. Con dolor en su Espíritu, así como un padre que su hijo de veinte años está en drogas, problemas con la ley, robándole sus pertenencias, faltando el respeto a su madre e influenciando a sus hermanos menores a seguir su camino, el padre se ve obligado a sacarlo de la casa, aun cuando lo ama como así mismo, tiene que tomar esa decisión para el bien de la familia.

El lugar al cual nuestro Padre celestial envía a los hijos de desobediencia es el infierno. Un lugar tenebroso del cual cuando llegas no puedes salir, es un lugar de castigo eterno y completa separación de Dios. El infierno no fue creado para el ser humano sino para el diablo y los ángeles caídos, pero al hombre pecar en contra de Dios hemos sido arrastrado a ese lugar.

"Y no temáis a los que matan el cuerpo, mas el alma no pueden matar; temed más bien a aquel que puede destruir el alma y el cuerpo en el infierno."
S. Mateo 10:28 RVR1960

Pero nuestro Padre celestial es más paciente con nosotros. Dios nos ama con un amor mucho más grande que al ver la humanidad caminando al rumbo de la perdición, decidió venir Él mismo a salvarnos.

"Haya, pues, en vosotros este sentir que hubo también en Cristo Jesús, el cual, siendo en forma de Dios, no estimó el ser igual a Dios como cosa a que aferrarse, sino que se despojó a sí mismo, tomando forma de siervo, hecho semejante a los hombres; y estando en la condición de hombre, se humilló a sí mismo, haciéndose obediente hasta la muerte, y muerte de cruz."
Filipenses 2:5-8 RVR1960

No hay más grande amor que ése. Él mismo vino a pagar por nuestros pecados y delitos. Ese es el milagro más glorioso que Jesús ha hecho en toda la historia. Así como en el Antiguo Testamento tenían que sacrificar un cordero y derramar la sangre en el altar, Jesús sirvió como el cordero sin mancha que redimió a toda la humanidad de sus pecados.

"El siguiente día vio Juan a Jesús que venía a él, y dijo: He aquí el Cordero de Dios, que quita el pecado del mundo."
S. Juan 1:29 RVR1960

Creer

Lo primero que tenemos que hacer para recibir la salvación es creer, si no creemos en nada de lo que la Biblia dice, es decir lo que Jesús hizo por nosotros, estamos fuera de alcance. Tenemos que creer que Dios es real, que la Palabra es completamente real y exacta. Si no creemos en el Dios de la salvación ¿cómo podemos pedirle que nos salve?

Creer es poner toda nuestra confianza en Jesús, reconociendo que Él es nuestro Señor, nuestro salvador y el dueño de nuestra vida y voluntad. No es algo que se piensa con nuestra mente carnal sino algo que se siente desde nuestro corazón y se manifiesta en todos los sentidos.

Hay una acción que sigue al creer, algo que nos mueve a acercarnos más a Jesús y a vivir para Él sin temor al rechazo, a la persecución o la crítica.

Pero sin fe es imposible agradar a Dios; porque es necesario que el que se acerca a Dios crea que le hay, y que es galardonador de los que le buscan.
Hebreos 11:6 RVR1960

También hay que creer en Jesús, en sus obras, sus enseñanzas y sobre todo en su sacrificio. El creer en el Señor Jesús es la única manera de ser salvos, así que es una decisión que cada uno tiene que tomar por su propia cuenta. Que tus padres hayan creído y han vivido toda sus vidas en el Señor no te hace salvo. Los niños no pueden ser salvados cuando son pequeños pues ellos son inocentes delante de Dios y no son responsables por sus obras hasta que llegan a cierta edad y madurez de conciencia.

"El que creyere y fuere bautizado, será salvo; mas el que no creyere, será condenado."
S. Marcos 16:16 RVR1960

Palabras de Jesús a los discípulos, ahora tienes que detenerte y meditar en eso, ¿crees? La decisión de seguir a Cristo no puede ser basada en imposición de algún familiar o presión por algún líder cristiano. Muchas veces se trata de forzar a las personas a creer en Jesús cuando sus corazones no están listos para eso.

Muchos llegan a las iglesias y se les manipula a creer, pero dentro de ellos no hay convicción de pecado ni están convencidos en la realidad de la Palabra y mucho menos creen en la deidad de Jesús.

Me recuerda un encuentro en un estacionamiento de una iglesia en la cual servía en la seguridad. Un hombre llegó a la iglesia borracho y causaba problemas. Los hermanos de seguridad interna lo removieron de la iglesia y un hermano y yo aprovechamos la oportunidad de ministrar. Él cambió su actitud drásticamente y le ofrecí el plan de salvación lo cual rechazó. Pero sí aceptó que oráramos por él.

El hermano que estaba conmigo le manipuló para que hiciera la oración de fe la cual él repitió. Aunque la intención fue buena, ese hombre no creía en lo que repetía sino que fue manipulado. Así hay muchos "cristianos" que no han demostrado frutos de arrepentimiento porque no tuvieron una conversión real.

Toda persona que cree tiene que creer por cuenta propia. A nosotros los cristianos nos toca presentar el evangelio con firmeza y dejar que el Espíritu Santo haga su trabajo en los corazones de ellos.

Arrepentirse

Ahora que crees en Jesús tienes que arrepentirte de tus pecados y no porque te lo estoy diciendo sino porque en tu corazón reconoces que eres pecador y que necesitas ser salvo del pecado. Algo dentro de ti te traerá tus pecados a la memoria con el propósito de traer tu corazón al arrepentimiento, ese es el Espíritu Santo.

"Pero yo os digo la verdad: Os conviene que yo me vaya; porque si no me fuera, el Consolador no vendría a vosotros; mas si me fuere, os lo enviaré. Y cuando él venga, convencerá al mundo de pecado, de justicia y de juicio."
S. Juan 16:7-8 RVR1960

Después que te arrepientas sinceramente de todos tus pecados, de los que te acuerdas y de los que no te acuerdas, el Espíritu Santo no te lo recordará más para condenarte. Pero en momentos en los que estás jugando con las tentaciones te recordará de donde te levantó para que no caigas otra vez.

"Desde entonces comenzó Jesús a predicar, y a decir: Arrepentíos, porque el reino de los cielos se ha acercado."
S. Mateo 4:17 RVR1960

Una vez te arrepientas, el Señor te perdona de todos tus pecados, todos, no importando que tan malos parezcan, Jesús pagó el precio por todos los pecados y al arrepentirnos le traemos la cuenta o el "bill" de nuestros pecados para que Jesús los pague. Una vez perdonados, esos pecados no te serán tomados en cuenta cuando te presentes delante del Señor.

"Así que, arrepentíos y convertíos, para que sean borrados vuestros pecados; para que vengan de la presencia del Señor tiempos de refrigerio,"
Hechos 3:19 RVR1960

El arrepentimiento tiene que venir acompañado de frutos. No podemos decir que nos arrepentimos si seguimos haciendo las mismas cosas pecaminosas, tiene que haber la voluntad de cambiar y el desprecio de lo que hicimos antes. Si no te sientes mal por lo que has hecho sino que excusas tus pecados para que no suenen tan malos, eso no es arrepentimiento.

"Haced, pues, frutos dignos de arrepentimiento,"
S. Mateo 3:8 RVR1960

Arrepentirse es apartarse del pecado que cometimos, ir a la dirección opuesta. Tienes que tener la voluntad de dejar atrás lo que hacías y vivir una vida en obediencia. No significa que hay que ser perfecto para ser salvo pero en tu corazón hay el deseo de hacer lo que Dios nos mandó y de no hacer lo que nos prohibió.

Hacer lo posible por no volver atrás es lo que Dios busca. Todo comienza en nuestro corazón y en nuestra mente. Tal vez no hagas lo que hiciste antes pero no debes fantasear con esas cosas en tu mente. Es decir, si tenías problemas con inmoralidad sexual en tu pasado, no pases tiempos pensando en lo que hiciste con deseos o satisfacción. Parece imposible por el momento pero cuando seas salvo Dios te dará un nuevo corazón y nuevos deseos.

En Jeremías 17:10 dice que Dios juzga el corazón y prueba los pensamientos. Así que el arrepentimiento tiene que venir desde nuestro corazón. Eso es lo que Dios busca, un corazón humillado y dispuesto a seguirle.

Confesar

"que si confesares con tu boca que Jesús es el Señor, y creyeres en tu corazón que Dios le levantó de los muertos, serás salvo."
Romanos 10:9 RVR1960

Con el creer también está el hablar lo que creemos. Hay que sacar lo que está en nuestro corazón y confesarlo a nuestro Padre celestial y Él se moverá en misericordia y nos limpiará de toda maldad. Es necesario que le digas a Dios lo que hay en tu corazón, sinceramente.

"Creí; por tanto hablé, Estando afligido en gran manera."
Salmos 116:10 RVR1960

Ahora, el confesar sólo no logrará nada, tiene que venir después de creer y arrepentirse de todo corazón. Es sacar lo que hay dentro de nosotros con una expresión vocal. Aunque Él ya sabe lo que hay dentro de nosotros, es necesario que seamos nosotros los que clamemos por nuestra salvación.

El confesar no se puede forzar a otras personas ni manipular para que repitan la oración de fe. Tiene que ser completamente voluntario. Si engañamos a una persona a confesar no estamos en la verdad y no servirá de nada.

El problema es que si la persona no tiene el deseo ni la voluntad de darle su vida a Jesús no importa lo que esa persona confiese, no es real pues no hay convicción de pecados por lo cual no hay arrepentimiento.

Un ejemplo de eso es mi esposa Carrie, cuando ella tenía nueve años un maestro de campamento le pidió que aceptara a Jesús y repitiera la oración de fe. Ella accedió por respeto pues ella tenía admiración y respetaba a sus maestros. Cualquier cosa que sus maestros le pedían ella lo hacía. Así que la pequeña Carrie repitió la oración sin saber lo que hacía.

Durante su vida ella creció creyendo que era salva pero viviendo una vida sin Dios y en pecado. No le fue enseñado que para recibir a Jesús hay que creer y arrepentirse. Pero cuando finalmente decidió seguir a Cristo se dio cuenta del peligro que ella corría al ser engañada pues viviendo en pecado podía haber perdido su alma para siempre.

Bautismo en agua

El bautismo es una parte importante de nuestro deber como cristiano y viene inmediatamente después de confesar a Jesús y es una condición para la salvación. No es una opción sino un mandato en el cual Jesús nos enseñó con su ejemplo.

"Entonces Jesús vino de Galilea a Juan al Jordán, para ser bautizado por él. Mas Juan se le oponía, diciendo: Yo necesito ser bautizado por ti, ¿y tú vienes a mí? Pero Jesús le respondió: Deja ahora, porque así conviene que cumplamos toda justicia. Entonces le dejó."
S. Mateo 3:13-15 RVR1960

Al usted confesar la **oración de fe** usted está listo para ser bautizado inmediatamente, no es necesario tomar clases de bautismo para ello aunque en muchas iglesias las dan confundiendo el bautismo con clases de discipulado o nuevos creyentes. Sí recomiendo una breve explicación de lo que significa el bautismo y que hace con nosotros en lo espiritual.

El bautismo no es "obras" es un proceso en el cual somos sepultados con Jesús cuando somos sumergidos en el agua y somos levantados con Él cuando salimos del agua.

¿O no sabéis que todos los que hemos sido bautizados en Cristo Jesús, hemos sido bautizados en su muerte? Porque somos sepultados juntamente con él para muerte por el bautismo, a fin de que como Cristo resucitó de los muertos por la gloria del Padre, así también nosotros andemos en vida nueva.
Romanos 6:3-4 RVR1960

Jesús mismo nos dijo lo que tenemos que hacer para obtener la salvación gratuitamente.

El que creyere y fuere bautizado, será salvo; mas el que no creyere, será condenado.
S. Marcos 16:16 RVR1960

El apóstol Pedro en la primera vez que los discípulos ganaron almas para Cristo, nos dice qué tenemos que hacer para ser salvos.

Pedro les dijo: Arrepentíos, y bautícese cada uno de vosotros en el nombre de Jesucristo para perdón de los pecados; y recibiréis el don del Espíritu Santo.
Hechos 2:38 RVR1960

El bautismo en agua es una pieza fundamental en el proceso de nacer de nuevo y entonces el Espíritu Santo habita en nosotros. Ahora, si no hay la oportunidad de bautizarse recuerde que Dios es misericordioso. Tienes que ser bautizado según la Biblia pero si no es posible confíe en la misericordia y la gracia de Dios. Pero si puedes ser bautizado tienes que hacerlo. No hay un verso en la Biblia que diga que no hay que bautizarse para ser salvos pero si hay varios que dicen que lo tienes que hacer.

Y yendo por el camino, llegaron a cierta agua, y dijo el eunuco: Aquí hay agua; ¿qué impide que yo sea bautizado? Felipe dijo: Si crees de todo corazón, bien puedes. Y respondiendo, dijo: Creo que Jesucristo es el Hijo de Dios. Y mandó parar el carro; y descendieron ambos al agua, Felipe y el eunuco, y le bautizó.
Hechos 8:36-38 RVR1960

La oración de fe

La oración de fe o del pecador, es la oración que hacemos para recibir la salvación. Pero primero tenemos que tener la certeza de que;

- Creemos en Jesús
- Creemos que Jesús murió por nuestros pecados
- Creemos que Jesús resucitó de entre los muertos
- Que nos arrepentimos de todos nuestros pecados y queremos apartarnos de ellos
- Creemos que Jesús es nuestro Señor y Salvador

Si realmente crees en eso con todo tu corazón, entonces estás listo para recibir al Señor en tu corazón confesando todo lo que crees. Recuerda que si no estás convencido de todo corazón, no valdrá de nada lo que confieses.

"que si confesares con tu boca que Jesús es el Señor, y creyeres en tu corazón que Dios le levantó de los muertos, serás salvo."
Ro. 10:9 RVR1960

No hay una oración específica en la Biblia que tenemos que decir para ser salvo pero es una guía en cómo hacerlo. Es preferible que uses tu propias palabras, pero si no sabes que decir, el confesar en voz alta la siguiente oración con fe, será de igual manera la puerta de entrada al reino de Dios.

Padre celestial, me presento ante ti con mi corazón humillado. Reconozco que soy pecador y necesito que me salves. Creo que Jesús es el Hijo de Dios, murió por mis pecados y resucitó para que yo viva en Él eternamente. Confieso que Jesús es mi Señor y mi Salvador. Toma mi vida y cámbiala. En el nombre de Jesús. Amén.

Si confesaste esa oración con fe, le felicito por tomar la decisión más importante de su vida. Ahora el próximo paso es ser bautizado en agua y en Espíritu Santo. Busque una iglesia cristiana que predique la sana doctrina en la cual le ayudarán a crecer espiritualmente y comience a congregarse. Asegúrese de participar en la Santa Cena (Juan 6:54) Si necesita alguna información, guía o si tiene alguna pregunta puede comunicarse con nosotros y estaremos alegres en ayudarle. Escríbanos a outofendtimes@gmail.com

Sí esperó muy tarde y se encuentra en medio de la Tribulación, confíe en el Señor y ¡no tome la marca de la bestia!

Comida y provisiones

Esto es muy importante. Debemos prepararnos para las catástrofes naturales y el hambre. También la hiperinflación es un problema real al que nos enfrentaremos.

Y oí una voz de en medio de los cuatro seres vivientes, que decía: Dos libras de trigo por un denario, y seis libras de cebada por un denario; pero no dañes el aceite ni el vino.
Apocalipsis 6:6 RVR1960

Este versículo a menudo se traduce como "una libra de pan por el salario de un día". Eso me suena a hiperinflación. Así que debemos prepararnos para la escasez de alimentos y los altos precios. Con suerte, cuando lea este libro, todavía haya tiempo para almacenar alimentos y suministros para su familia y para compartir con otros si es posible. En una situación de hiperinflación debes tratar tu moneda como una papa caliente, gastarla tan pronto como la consigas. El valor de su moneda caerá dramáticamente por hora.

Muchas personas creen que estamos muy cerca del Fin de los Tiempos, pero no quieren almacenar alimentos y suministros. Bueno, terminarás en las líneas de alimentos del gobierno o serás una carga para otra persona. No seas esa persona. Sea el que es auto sostenible, o mejor aún, alguien que puede ser un proveedor para los necesitados.

Piensa por un momento en tus hijos o niños en tiempos de hambruna. Tal vez te pregunten "¿por qué no hay comida mamá / papá? Tenemos hambre". Y les dirás "porque la Biblia dice que esto sucederá". Te preguntarán: "si sabías que esto sucedería porque la Biblia lo dice, ¿por qué no te preparaste para ello"? Piensa por un momento en cómo responderás a eso.

Recuerdo cuando el huracán María azotó la isla de Puerto Rico. Cinco días después, la gente en las redes sociales comenzó a pedir ayuda porque tenían hambre. No estoy hablando de personas que perdieron sus hogares. Gente en casas perfectamente bien, sin comida después de solo cinco días. Todos sabían que el huracán llegaría con una semana de anticipación, pero muchos no se prepararon.

¡El momento de almacenar alimentos y suministros es ahora! Este no es el momento de pensar en ello, sino el momento de actuar.

Recuerda esta regla, no le digas a nadie en que no confías que estás preparando. Yo incluiría a familiares que no están cerca de ustedes. Tienes que ser compasivo pero también sabio. Cada persona que sabe que estás almacenando alimentos llamará a su puerta cuando la comida no esté disponible. Sí, tenemos que ayudar a los necesitados lo más que podamos, pero las necesidades de nuestra familia siempre son las primeras.

Yo mismo tengo una regla que puedo o no hacer cumplir, "si te digo que te prepares, soy libre de no tener que alimentarte más tarde". Lo mejor que podemos hacer por las personas es advertirles de lo que está a punto de suceder. Siempre comparto versículos de la Biblia del Fin de los Tiempos para que puedan ver por sí mismos lo que Dios hará. Sería ideal hacer equipo con las personas de su grupo de hogar. Todos pueden almacenar alimentos y suministros lo mejor que puedan, y compartirlos entre sí.

Compre lo suficiente para abastecer a su familia durante al menos un año. Rotar y reemplazar los productos que utiliza. Los alimentos enlatados con una larga fecha de vencimiento son imprescindibles. Intente lo más que pueda para comprar alimentos que su familia coma con frecuencia. Cuando tenga suficiente para su familia, puede agregar comida adicional para compartir como el arroz y la pasta. Por favor, no vaya ahora y obtenga 10 carritos de compras llenos en el supermercado. No llames la atención de todos. Si desea comprarlo todo de una vez, hágalo en tiendas separadas y días separados.

Obtenga suministros de higiene para su familia durante un año. También se recomienda encontrar alternativas al papel higiénico y los suministros de higiene femenina. Piensa en los años 1800 y cómo lo hicieron. Puede usar botellas de bidé portátiles para reducir la necesidad de papel higiénico. Hay muchos canales de preparación en las redes sociales que puedes ver para obtener ideas de qué comprar. Mira todo lo que usas en un mes y multiplícalo por 12. Eso será lo que necesitas almacenar. Te daré una lista de ideas y artículos que debes tener.

Biblias

Predicación y enseñanza en CD (o incluso en cinta)

Libros en papel (como este)

Alimentos a largo plazo (si están disponibles)

Alimentos a corto plazo

Productos de higiene

Alimentos reconfortantes y dulces (Para mantener la moral y la sensación de normalidad)

Agua y/o una forma de obtenerla y purificarla

Formas de calentar su casa sin electricidad (de ser necesario)

Baterías

Cargador solar

Generador de energía y luz (velas, linternas, etc.)

Suministros médicos (vitaminas, medicamentos recetados, botiquín de primeros auxilios, alcohol, etc.)

Mascarillas

Semillas para un jardín (Aprende a cultivar ahora)

Suministros para enlatado (Aprende a hacer enlatado)

Ponte bien con Dios

Incluso si crees que ya estás bien con Dios, por favor tómate un momento para leer esta sección y examinarte a ti mismo. Lo que te han enseñado puede o no ser verdad. Hemos permitido que muchas doctrinas falsas, y mentiras del diablo, se infiltren y dominen lo que se predica en nuestros púlpitos. Es posible que te hayan mentido sobre el verdadero Evangelio y, al final, es tu responsabilidad personal estudiar la Biblia y buscar a Dios por ti mismo. Dios nos dio el Espíritu Santo y prometió que Él "nos guiaría a toda verdad". Tú eres el que decide qué creer, y luego no puedes culpar al predicador si creíste doctrinas falsas porque no oraste y estudiaste la Palabra por ti mismo.

Recuerdo en una película del fin de los tiempos de los años 80 cuando el pastor de la iglesia se quedó atrás junto con una joven que nunca fue una verdadera creyente. Ella estaba culpando al pastor por predicar un Evangelio suavizado, en lugar del verdadero Evangelio. El pastor le respondió correctamente; "tienes la Biblia contigo". Sí, dijo el pastor: "Soy culpable de predicar un Evangelio suavizado, pero usted tiene la responsabilidad de escudriñar las Escrituras por sí mismo".

Eres responsable de leer la Palabra de Dios por ti mismo. Si no sabes cómo, pregúntale a alguien que sepa como. ¡El tiempo se está acabando y tenemos muchos "cristianos" solo de nombre, personas que se llaman a sí mismas cristianas pero no lo están viviendo! ¿Dónde está tu fruto? ¿Qué estás haciendo por el Señor? Tal vez no lo veas tú mismo, así que déjame ayudarte. Si no tienes el deseo de orar y leer la Biblia, ¡hay algo mal! Si todo lo que haces es sentarte frente a un televisor viendo todo excepto programas cristianos, ¡hay algo mal! Si además de eso nunca tienes una conversación acerca de

Dios, y ni siquiera quieres ir a la Iglesia, ¡hay algo muy mal con tu relación con Dios! No haces estas cosas para ser salvo, pero serás conocido por tus frutos y si eres salvo, si amas al Señor, ¿por qué él ni siquiera es parte de tu vida diaria? ¡Él debería ser toda tu vida!

El cristianismo no es una membresía de por vida a un club en el que te inscribiste una vez, y luego estás, sin importar lo que hagas o cómo vivas tu vida. Escucha, no es cómo comienzas la carrera, no es lo que hiciste hace 40 años, ¡es cómo terminas la carrera!

He peleado la buena batalla, he acabado la carrera, he guardado la fe.
2 Timoteo 4:7 RVR1960

¡Debes pelear la buena batalla de la fe para terminar la carrera! ¡No estamos siguiendo las instrucciones que Jesús nos dio acerca de cómo vivir y qué hacer por Él, porque no amamos la Palabra de Dios y somos demasiado perezosos para leerla! Si crees que estas bien con Dios porque no le haces mal a nadie, ¡estás equivocado! Debes vivir como Jesús quiere que vivas para estar bien con Dios.

Dios quiere que vivas en santidad:

Por tanto, ceñid los lomos de vuestro entendimiento, sed sobrios, y esperad por completo en la gracia que se os traerá cuando Jesucristo sea manifestado; como hijos obedientes, no os conforméis a los deseos que antes teníais estando en vuestra ignorancia; sino, como aquel que os llamó es santo, sed también vosotros santos en toda vuestra manera de vivir; porque escrito está: Sed santos, porque yo soy santo. Y si invocáis por Padre a aquel que sin acepción de personas juzga según la obra de cada uno, conducíos en temor todo el tiempo de vuestra peregrinación; sabiendo que fuisteis rescatados de vuestra vana manera de vivir, la cual recibisteis de vuestros padres, no con cosas corruptibles, como oro o plata, sino con la sangre preciosa de Cristo, como de un cordero sin mancha y sin contaminación,
1 Pedro 1:13-19 RVR1960

Relee ese versículo. Esto no es una justicia imputada. Esto no es vivir en pecado mientras Dios mira a Jesús e ignora tus pecados. Dice sé Santo en toda tu CONDUCTA o manera de vivir (lo que haces, lo que piensas, lo que sientes, incluso tus deseos más profundos). Dice que te conduzcas con TEMOR porque fuiste redimido con la preciosa sangre de Cristo. Si te han enseñado que puedes seguir el pecado y luego, como una ocurrencia tardía, dices lo siento, te han desviado. Como cristiano, no se le permite "pecar deliberadamente". Has sido liberado del poder del pecado. Si eres tentado, clamas a Dios por ayuda y se te dará el poder para vencer esa tentación.

Así que, el que piensa estar firme, mire que no caiga. No os ha sobrevenido ninguna tentación que no sea humana; pero fiel es Dios, que no os dejará ser tentados más de lo que podéis resistir, sino que dará también juntamente con la tentación la salida, para que podáis soportar.
1 Corintios 10:12-13 RVR1960

¡Arrepiéntete! ¡Debes deshacerte de tus pecados y debes hacerlo ahora! Deja de creer que eres un pecador y que no puedes dejar de pecar. (Estoy hablando con cristianos nacidos de nuevo). Jesús murió por el perdón de nuestros pecados y para liberarnos de la esclavitud del pecado.

Y a aquel que es poderoso para guardaros sin caída, y presentaros sin mancha delante de su gloria con gran alegría,
Judas 1:24 RVR1960

Él puede evitar que tropecemos, pero muchos en la Iglesia aman el pecado, por lo que creen y enseñan las mentiras del diablo, ¡basta de eso! Te quedarás atrás. Por favor, tómese el tiempo para examinar esto por sí mismo. Por favor. Nos rompe el corazón que muchos de los que piensan que están bien con Dios podrían muy bien quedarse atrás.

Todo aquel que permanece en él, no peca; todo aquel que peca, no le ha visto, ni le ha conocido.
1 Juan 3:6 RVR1960

Es por eso que no puedes dejar de pecar, ¡no estás permaneciendo en Cristo! Si justificas tu pecado, entonces tienes alguna forma de religión en la que eres tu propio dios y haces y crees lo que quieras. No te permitas ignorar esta advertencia. ¡La Biblia es la Palabra de Dios y no decidimos lo que dice basándonos en lo que queremos que diga!

¿Qué estás haciendo? ¿Nada?

Bienaventurado aquel siervo al cual, cuando su señor venga, le halle haciendo así. De cierto os digo que sobre todos sus bienes le pondrá. Pero si aquel siervo malo dijere en su corazón: Mi señor tarda en venir; y comenzaré a golpear a sus consiervos, y aun a comer y a beber con los borrachos, vendrá el señor de aquel siervo en día que éste no espera, y a la hora que no sabe, y lo castigará duramente, y pondrá su parte con los hipócritas; allí será el lloro y el crujir de dientes.
S. Mateo 24:46-51 RVR1960

¿Qué estás haciendo por el Señor? Muchos de ustedes piensan que el cristianismo se trata de ustedes. Serás bueno e irás al cielo. Déjame explicarte algo. Si no tienes fruto, no estás en Él. Si no estás haciendo nada en absoluto por el Señor, necesitas examinarte a ti mismo. Dios dijo que Él preparó buenas obras para que nosotros caminemos en ellas. Si no estás caminando en estas buenas obras, es posible que no seas salvo. Una rama produce frutos cuando está en la Vid. Si no hay fruto, ¿todavía estás en la Vid? No importa qué fruto tuviste hace años, ¡lo que importa es lo que estás haciendo por Él hoy!

 Por favor, no vengas a mí con la falsa doctrina que dice que no tienes que trabajar para ser salvo. Para ser salvo no tienes que trabajar. Eres salvo por Gracia a través de la Fe, pero tienes que creer, arrepentirte y ser bautizado en agua, ¡eso no es trabajo! Si eres verdaderamente salvo, DEBES mostrar el fruto. Aquí hay algunos versículos para respaldar esto. (Hay muchos)

Yo soy la vid, vosotros los pámpanos; el que permanece en mí, y yo en él, éste lleva mucho fruto; porque separados de mí nada podéis hacer.
S. Juan 15:5 RVR1960

Todo árbol que no da buen fruto, es cortado y echado en el fuego.
S. Mateo 7:19 RVR1960

Así alumbre vuestra luz delante de los hombres, para que vean vuestras buenas obras, y glorifiquen a vuestro Padre que está en los cielos.
S. Mateo 5:16 RVR1960

presentándote tú en todo como ejemplo de buenas obras; en la enseñanza mostrando integridad, seriedad,
Tito 2:7 RVR1960

Entonces el Rey dirá a los de su derecha: Venid, benditos de mi Padre, heredad el reino preparado para vosotros desde la fundación del mundo. Porque tuve hambre, y me disteis de comer; tuve sed, y me disteis de beber; fui forastero, y me recogisteis;
S. Mateo 25:34-35 RVR1960

Y respondiendo el Rey, les dirá: De cierto os digo que en cuanto lo hicisteis a uno de estos mis hermanos más pequeños, a mí lo hicisteis. Entonces dirá también a los de la izquierda: Apartaos de mí, malditos, al fuego eterno preparado para el diablo y sus ángeles. Porque tuve hambre, y no me disteis de comer; tuve sed, y no me disteis de beber;
S. Mateo 25:40-42 RVR1960

Ahora, volviendo a Mateo 24, ¡el buen siervo es el que está TRABAJANDO mientras el Maestro se ha ido! ¿Qué estás haciendo por el Maestro? ¡El siervo malo es el que, mientras el Maestro se ha ido, no está haciendo NADA! ¿Cuál eres? Pregúntate qué estás haciendo por el Señor. ¿Estás enseñando, predicando, evangelizando y hablando con tus hijos y nietos acerca de Jesús? ¿Estás ayudando en tu iglesia (si es que vas a una)? Si no estás haciendo algo por Dios, Jesús dijo que serás designado con los hipócritas.

¡Despierta Iglesia! ¿Qué estás haciendo por el Señor? No estoy hablando solo del fin de los tiempos, sino de la vida cotidiana. ¡Esto es vida o muerte! Y te preguntas por qué nada va bien en tu vida, por qué tu familia no se salva, por qué las personas en tu iglesia son tan carnales. Te diré por qué, no hay santidad y no estamos haciendo nada por el Señor. ¡Arrepiéntete! ¡Vuelve a tu primer amor! ¡Corre a los brazos abiertos del Señor y pregúntale cómo puedes complacerlo a Él! ¡Hazlo ya! ¡NOS ESTAMOS QUEDANDO SIN TIEMPO!

OTROS TÍTULOS DEL AUTOR
(CONSÍGALOS EN AMAZON INDIVIDUALMENTE. IGLESIAS, GRUPOS Y LIBRERÍAS EN OUTOFENDTIMES.COM)

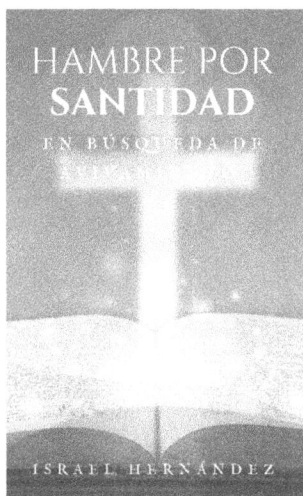

www.ingramcontent.com/pod-product-compliance
Lightning Source LLC
Chambersburg PA
CBHW071601040426
42452CB00008B/1247